PYTHON EXTREME DATA SCIENCE

*De Lo Esencial a La Ingeniería
Analítica Avanzada*

Diego Rodrígues

PYTHON EXTREME
DATA SCIENCE
De Lo Esencial a La Ingeniería Analítica Avanzada

Edición 2025
Autor: Diego Rodrígues
estudiod21portoalegre@gmail.com

Nota Importante

Los códigos y scripts presentados en este libro tienen como principal objetivo ilustrar, de forma práctica, los conceptos discutidos a lo largo de los capítulos. Han sido desarrollados para demostrar aplicaciones didácticas en entornos controlados y, por lo tanto, pueden requerir adaptaciones para funcionar correctamente en contextos distintos. Es responsabilidad del lector validar las configuraciones específicas de su entorno de desarrollo antes de la implementación práctica.

Más que proporcionar soluciones listas, este libro busca fomentar una comprensión sólida de los fundamentos abordados, promoviendo el pensamiento crítico y la autonomía técnica. Los ejemplos presentados deben ser vistos como puntos de partida para que el lector desarrolle sus propias soluciones, originales y adaptadas a las demandas reales de su carrera o proyectos. La verdadera competencia técnica surge de la capacidad de interiorizar los principios esenciales y aplicarlos de forma creativa, estratégica y transformadora.

Por lo tanto, alentamos a cada lector a ir más allá de la simple reproducción de los ejemplos, utilizando este contenido como base para construir códigos y scripts con identidad propia, capaces de generar un impacto significativo en su trayectoria profesional. Ese es el espíritu del conocimiento aplicado: aprender profundamente para innovar con propósito.
Agradecemos la confianza depositada y le deseamos una jornada de estudio productiva e inspiradora.

CONTENIDO

SALUDOS

Sea muy bienvenido(a) a su jornada definitiva hacia el dominio técnico y estratégico de una de las disciplinas más impactantes y transformadoras de la actualidad: la Ciencia de Datos en nivel extremo con Python. Al decidir invertir energía y enfoque en este estudio, usted está accediendo a una ruta que conecta lo esencial con lo avanzado, la teoría con la práctica y el código con la toma de decisiones con inteligencia real.

Este libro, **PYTHON EXTREME DATA SCIENCE – De lo Esencial a la Ingeniería Analítica Avanzada**, fue cuidadosamente estructurado para ser una guía técnica completa, directa y aplicable sobre ciencia de datos moderna utilizando Python. Aquí, tratamos la disciplina no como un conjunto de scripts aislados, sino como una ingeniería integrada que une datos, modelos, automatización, inteligencia e impacto medible.

A lo largo de 30 capítulos progresivos y modulares, usted tendrá acceso a un contenido que cubre toda la cadena de valor de proyectos de datos — desde la ingestión hasta el deploy, desde la exploración hasta el tuning, desde la estadística hasta el aprendizaje por refuerzo, desde la experimentación hasta la gobernanza, desde el batch hasta el streaming, desde la inferencia hasta el AI Agent. Cada etapa fue diseñada para generar dominio técnico inmediato, sin atajos, con lógica clara, aplicación práctica y profundidad analítica.

La elección de dominar Python en ciencia de datos es, hoy, una de las decisiones más estratégicas que un profesional puede tomar. Esto se debe a que Python no es solo un lenguaje. Es un ecosistema completo de bibliotecas, prácticas, frameworks, comunidades y aplicaciones que alimentan desde análisis operacionales hasta sistemas cognitivos a gran escala.

Este contenido fue desarrollado con base en el Protocolo TECHWRITE 2.2, estándar editorial de excelencia técnica y didáctica. Esto garantiza una lectura estructurada, fluida, sin redundancias, con resolución de errores, buenas prácticas, código explicativo y resúmenes estratégicos que conectan la teoría con la ejecución real. No encontrará aquí un material superficial o genérico, sino un manual vivo y funcional, a la altura de las exigencias del mercado global.

Dominar ciencia de datos en su forma extrema ya no es una opción para quien desea actuar con protagonismo en áreas como ingeniería analítica, machine learning, ciencia de producto, automatización de decisiones, optimización de procesos, análisis predictivo, gobernanza de datos y construcción de sistemas inteligentes. Se trata de un prerrequisito para quien busca transformar datos en ventaja competitiva continua.

Encontrará en esta obra todo lo que necesita para operar con confianza, pensar con precisión, resolver con método y entregar con impacto. Los códigos no están aquí solo para ser leídos — están aquí para ser comprendidos, probados, adaptados y utilizados en contextos reales y productivos. Cada bloque, cada función, cada pipeline fue pensado para la aplicación, y no solo para la demostración.

Es un honor compartir este contenido con usted. Que este libro se convierta en su manual de referencia, su campo de pruebas, su base de ingeniería y su palanca de evolución continua en el universo de la ciencia de datos con Python.

Buena lectura, buenos experimentos y
excelente jornada técnica.

SOBRE EL AUTOR

Diego Rodrígues
Autor técnico e investigador independiente
ORCIDO: https://orcid.org/0009-0006-2178-634X
StudioD21 Contenido tecnológico inteligente y sistemas Intell
Correo electrónico: estudiod21portoalegre@gmail.com
LinkedIn: www.linkedin.com/in/diegoxpertai

Autor técnico internacional (*escritor de tecnología*) centrándose en la producción estructurada de conocimiento aplicado. Es fundador de StudioD21 Smart Tech Content & Intell Systems, donde lidera la creación de frameworks inteligentes y la publicación de libros de texto técnicos apoyados en inteligencia artificial, como la serie Kali Linux Extreme, SMARTBOOKS D21, entre otros.

Poseedor de 42 certificaciones internacionales emitidas por instituciones como IBM, Google, Microsoft, AWS, Cisco, META, Ec-Council, Palo Alto y Boston University, trabaja en los campos de Inteligencia Artificial, Machine Learning, Data Science, Big Data, Blockchain, Tecnologías de Conectividad, Ethical Hacking y Threat Intelligence.

Desde 2003, ha desarrollado más de 200 proyectos técnicos para marcas en Brasil, Estados Unidos y México. En 2024, se consagró como uno de los mayores autores de libros técnicos de la nueva generación, con más de 180 títulos publicados en seis idiomas. Su trabajo se basa en su propio protocolo de redacción técnica aplicada TECHWRITE 2.2, orientado a la escalabilidad, la precisión conceptual y la aplicabilidad práctica en entornos profesionales.

PRESENTACIÓN DEL LIBRO

Este libro fue estructurado con precisión para llevarle al dominio técnico y aplicado de la Ciencia de Datos con Python en su forma más avanzada, combinando progresión didáctica con práctica inmediata y una ingeniería orientada a la producción. Dividido en 30 capítulos estratégicamente organizados, cubre toda la cadena operativa de datos, desde la manipulación inicial hasta la orquestación inteligente con AI Agents.

Comenzamos con los fundamentos esenciales del trabajo con datos en Python, abordando lectura, limpieza, transformación, normalización y estructuración de datos en DataFrames robustos. A continuación, exploramos operaciones vectorizadas, slicing, indexación avanzada y manipulaciones eficientes con Pandas y NumPy, optimizando el rendimiento en análisis reales.

Profundizamos en el parsing de formatos diversos como CSV, JSON, Excel y Parquet, incluyendo estrategias de chunking, encoding, lectura distribuida e integración con conectores externos. El capítulo de wrangling se enfoca en calidad de datos, llenado de vacíos, normalización y tratamiento de outliers a gran escala con herramientas automatizadas.

Seguimos con visualización analítica utilizando Plotly, Seaborn y Matplotlib, aplicando diseño técnico de gráficos enfocado en la interpretación de patrones y métricas relevantes. La ingeniería de features, estadística aplicada y pruebas de hipótesis son tratadas con rigurosidad práctica, estableciendo una base sólida para la modelización supervisada y no supervisada.

Modelos de regresión, clasificación, árboles de decisión, random forests y métodos de regularización son explorados con detalle técnico y validación cruzada estructurada. Luego, entramos en los fundamentos de deep learning con redes neuronales, embeddings y clasificación avanzada, utilizando TensorFlow y PyTorch con pipelines replicables.

El libro amplía su alcance con NLP, análisis de sentimientos, vectores de contexto, transformers y manipulación semántica. También presentamos algoritmos de clustering, detección de anomalías y análisis exploratorio multivariado.

En las secciones dedicadas a pipelines e ingeniería de machine learning, abordamos el tuning de hiperparámetros, despliegue con Flask y FastAPI, versionado de modelos con MLflow y retraining automatizado con Airflow y Prefect. También exploramos técnicas de monitoreo, rastreo, detección de drift y retreinamiento basado en eventos.

Incluimos capítulos de Big Data con Spark, lectura distribuida con SQL, DataFrames resilientes e integración con Hadoop, además de la instrumentación de procesos con jobs programados, generación de reportes y automatizaciones con cron y DAGs optimizadas.

Avanzamos hacia gobernanza de datos, calidad, conformidad, anonimización, catalogación, trazabilidad y seguridad operacional, con foco en LGPD y GDPR. La experimentación online con pruebas A/B, pruebas bayesianas y multivariadas también recibe atención especial, con instrumentación práctica y análisis estadístico integrado al producto.

En los últimos capítulos, integramos dashboards interactivos con Streamlit y Plotly, despliegues controlados, conexiones con APIs y autenticación de usuarios. Finalizamos con orquestación avanzada de flujos de machine learning, AI Agents autónomos para automatización analítica y consultoría cognitiva, además de una visión estratégica de la evolución del ecosistema Python para ingeniería de datos adaptativa.

La propuesta de este libro es directa: entregar dominio técnico completo, con enfoque en aplicabilidad, producción y evolución continua. No es solo una guía de aprendizaje, sino una base sólida para quien desea operar con excelencia en ciencia de datos moderna, utilizando Python como lenguaje, herramienta y plataforma de transformación real.

CAPÍTULO 1. INTRODUCCIÓN A PYTHON EN CIENCIA DE DATOS

Python se ha convertido en un lenguaje omnipresente en proyectos analíticos, estadísticos y de ingeniería de datos. Su versatilidad y la amplia comunidad de desarrolladores la convierten en una elección natural para quienes buscan construir análisis rápidos y consistentes, ya sea en entornos académicos, empresariales o de investigación. A lo largo de este capítulo, se destacan los factores que hacen a Python tan relevante en Ciencia de Datos, los pasos esenciales para preparar el entorno de desarrollo, la forma ideal de organizar directorios y scripts, y finalmente, cómo configurar herramientas que facilitan la producción y mantenimiento de proyectos analíticos.

Evolución y relevancia de Python en proyectos analíticos

Python comenzó como un lenguaje de propósito general, enfocado en la simplicidad sintáctica. Rápidamente, la comunidad identificó su potencial para tareas que involucran manipulación de datos, análisis estadístico y visualizaciones. Paquetes como NumPy, Pandas y Matplotlib, lanzados inicialmente para la manipulación eficiente de arrays, transformaron a Python en una de las principales elecciones para quienes necesitaban procesar grandes volúmenes de información de forma organizada.

Con la creciente demanda de métodos avanzados de análisis, surgieron bibliotecas de aprendizaje automático (scikit-learn), deep learning (TensorFlow, PyTorch) y procesamiento de lenguaje natural (spaCy, transformers), entre otras. Este ecosistema ampliado convirtió a Python en un entorno poderoso para la experimentación y producción de modelos de Machine Learning.

Hoy, Python es utilizado tanto por principiantes en Ciencia de Datos como por especialistas que trabajan con infraestructura a gran escala. La combinación de facilidad de lectura del código, gran variedad de paquetes especializados y una comunidad global extremadamente activa hace que la curva de aprendizaje sea más suave en comparación con otros lenguajes. Además, la velocidad de evolución de estas bibliotecas acompaña el ritmo acelerado de las innovaciones en análisis de datos, aprendizaje automático e inteligencia artificial.

Otro punto crucial es la adopción de Python en empresas de todos los tamaños. Grandes corporaciones invierten en el lenguaje por permitir, al mismo tiempo, la creación de prototipos de modelos complejos y su transición a entornos de producción. Esta flexibilidad se explica por la diversidad de frameworks y por la robusta integración con APIs y servicios en la nube. Como consecuencia, el lenguaje se ha convertido en un componente estratégico tanto en equipos de científicos de datos como en equipos de ingeniería de software.

Preparación del entorno

Para aprovechar al máximo el ecosistema de Python, es fundamental configurar y gestionar entornos de manera organizada. Esto implica el uso de herramientas como conda, virtualenv o pip para la instalación de paquetes y el aislamiento de dependencias, evitando conflictos entre versiones.

Uso de conda

conda es un gestor de paquetes y entornos originalmente

asociado con la distribución Anaconda, pero que también puede instalarse por separado (Miniconda). Su principal ventaja es la capacidad de gestionar no solo bibliotecas de Python, sino también dependencias del sistema.

Pasos para crear un entorno con conda:

1. Instalar Anaconda o Miniconda en el sistema operativo.

2. Abrir una terminal y escribir:

bash

```
conda create --name ds_env python=3.9
```

3. Activar el entorno recién creado:

bash

```
conda activate ds_env
```

4. Instalar bibliotecas esenciales para Ciencia de Datos:

bash

```
conda install numpy pandas matplotlib scikit-learn
```

Este procedimiento garantiza un entorno virtual aislado, donde es posible añadir, eliminar o actualizar paquetes sin interferir en otros proyectos.

Uso de virtualenv y pip

Para quienes prefieren un enfoque más liviano, existe

virtualenv, que crea entornos virtuales independientes de la versión nativa de Python. A partir de las versiones más recientes de Python, el comando python -m venv ofrece funcionalidad similar.

Principales pasos:

1. Instalar virtualenv (si no se usa la venv nativa):

bash

```
pip install virtualenv
```

2. Crear un entorno:

bash

```
python -m venv ds_env
```

3. Activar el entorno:

- En sistemas Unix o macOS:

bash

```
source ds_env/bin/activate
```

- En sistemas Windows:

bash

```
ds_env\Scripts\activate
```

4. Instalar paquetes dentro del entorno:

bash

```
pip install numpy pandas matplotlib scikit-learn
```

Así como con conda, virtualenv permite aislar dependencias de cada proyecto, facilitando el mantenimiento.

¿Cuándo elegir conda o virtualenv?

conda suele ser la opción preferida cuando se trabaja con paquetes que tienen dependencias de sistema más complejas (por ejemplo, bibliotecas científicas que requieren componentes externos). En cambio, virtualenv y pip son adoptados en proyectos que buscan un setup más simple y desean mantener control total sobre el entorno. En muchos casos, la elección se reduce a preferencias personales o políticas internas de cada equipo.

Organización de directorios y scripts

Una buena organización de directorios y scripts es esencial para mantener la escalabilidad y claridad de un proyecto de Ciencia de Datos. A lo largo del ciclo de vida del proyecto, surgen múltiples datos crudos, notebooks de experimentos, módulos de procesamiento y reportes finales. Para que todo sea coherente y fácilmente accesible, muchos profesionales siguen una convención como la siguiente:

Estructura de carpetas sugerida

- data: donde se almacenan los archivos crudos (CSV, JSON, Parquet, etc.) y, si es necesario, subconjuntos para datos procesados o intermedios.

- notebooks: lugar para notebooks de Jupyter o archivos de borrador exploratorio.

- src: directorio para scripts o paquetes de Python que implementan la lógica principal del proyecto, como limpieza de datos, análisis estadístico, preparación de features, entre otros.

- models: carpeta dedicada a almacenar modelos entrenados, ya sean archivos checkpoint de redes neuronales o modelos serializados con joblib/pickle.

- reports: espacio para reportes o resultados consolidados, en varios formatos (PDF, HTML, Markdown).

Conexión entre scripts y notebooks

Frecuentemente, los notebooks contienen experimentos y análisis puntuales, mientras que los scripts en src se utilizan para ejecución repetitiva o pipelines de producción. Para evitar redundancias, se sugiere que la lógica de transformación de datos esté en los scripts, mientras que el notebook sirve como capa de visualización y experimentación rápida.

Configuración de herramientas (Jupyter, VSCode, PyCharm)

La elección del IDE o editor de código puede acelerar el desarrollo, depuración y colaboración. Entre las opciones más populares para Ciencia de Datos con Python se destacan Jupyter Notebook (o JupyterLab), VSCode y PyCharm.

Jupyter Notebook / JupyterLab

Jupyter Notebook revolucionó la forma en que los científicos de datos prototipan y comparten análisis. Su principal ventaja es la mezcla de texto explicativo, código ejecutable y visualizaciones en un mismo documento.

Para instalar:

bash

```
pip install jupyterlab
```

o si se usa conda:

bash

```
conda install jupyterlab
```

Después de la instalación, basta con ejecutar jupyter lab en el terminal dentro del entorno virtual, y el navegador abrirá una interfaz interactiva.

Beneficios principales de Jupyter:

- Ejecución célula por célula, permitiendo análisis iterativo.

- Fácil integración con bibliotecas de visualización (Matplotlib, Seaborn).

- Exportación en diversos formatos (HTML, PDF, etc.).

- Posibilidad de añadir extensiones para aumentar funcionalidades.

VSCode

Visual Studio Code (VSCode) es muy popular por ser liviano, extensible y ofrecer soporte avanzado para depuración y control de versiones. Con la extensión oficial de Python, permite:

- Soporte a entornos virtuales y conda.

- Ejecución de notebooks dentro del editor.

- Realce de sintaxis, autocompletado y linting.

- Depuración en línea (breakpoints, watch, etc.).

También tiene integración nativa con Git, facilitando la colaboración en equipo.

PyCharm

PyCharm, de JetBrains, es una IDE robusta centrada en Python, con recursos avanzados de refactorización, depuración y análisis estático. Algunos puntos destacados:

- Entorno integrado para pruebas y cobertura de código.

- Reconocimiento de estructura de proyectos y paquetes.

- Herramientas integradas para bases de datos.

- Soporte para Jupyter Notebook (en versiones recientes).

Puede requerir una curva de aprendizaje mayor y suele ser más pesado que VSCode, pero ofrece funcionalidades avanzadas de automatización y organización.

Errores Comunes y Soluciones

Error: "pip: command not found"
Causa: El sistema no reconoce la instalación de Python en el PATH, o pip no fue instalado correctamente.
Solución: Verificar si Python está instalado. En Unix, ejecutar which python o which python3.
Reinstalar pip manualmente:

bash

```
curl https://bootstrap.pypa.io/get-pip.py -o get-pip.py

python get-pip.py
```

Si se usa conda, verificar si el entorno está activo y si pip está disponible.

Error: "jupyter: command not found"
Causa: Jupyter no está instalado en el entorno activo.
Solución: Activar el entorno virtual antes de instalar Jupyter:

bash

```
pip install jupyterlab

# o

conda install jupyterlab
```

Luego, verificar con jupyter --version.

Error: Incompatibilidad entre versiones de paquetes
Causa: Actualización o regresión sin verificar dependencias cruzadas.
Solución:

- Aislar proyectos en su propio entorno.

- Usar requirements.txt o environment.yml.

- Probar actualizaciones en un entorno de pruebas.

Buenas Prácticas

- **Versionado:** Usar Git para rastrear cambios. Crear repositorios privados si hay datos sensibles.

- **Nombres claros:** Usar nombres descriptivos para variables y funciones.

- **Documentación:** Incluir docstrings y README en paquetes.

- **Datos sensibles:** No versionar datos privados. Anonimizar o encriptar si es necesario.

- **Pruebas automatizadas:** Usar pytest para testear funciones críticas.

Resumen Estratégico

Python ha evolucionado hasta convertirse en una pieza clave en Ciencia de Datos gracias a su sintaxis accesible, bibliotecas robustas y comunidad activa. La configuración de entornos virtuales, sumada a una buena organización de directorios, permite que los proyectos crezcan de forma consistente. Herramientas como Jupyter, VSCode y PyCharm brindan recursos avanzados para prototipado, colaboración y mantenimiento.

Al prestar atención a fundamentos como versionado y estructura, se construye una base profesional sólida. Al finalizar este capítulo, usted cuenta con las bases necesarias para trabajar de forma organizada y segura, consolidando a Python como su principal herramienta para explorar, limpiar y estructurar datos.

En los próximos capítulos, ampliaremos la visión técnica con estructuras de datos internas del lenguaje, manipulación de DataFrames con bibliotecas populares y construcción de pipelines analíticos completos, siempre alineados con los estándares de ingeniería y las mejores prácticas profesionales en Ciencia de Datos.

CAPÍTULO 2. ESTRUCTURAS DE DATOS Y LÓGICA APLICADA

Python posee uno de los modelos más versátiles de estructuras de datos en la computación moderna. Este conjunto nativo de herramientas permite construir flujos analíticos con un altísimo nivel de expresividad, rendimiento y legibilidad. Combinadas con la lógica aplicada, estas estructuras forman el núcleo técnico de cualquier pipeline de transformación de datos. Al comprender en profundidad el funcionamiento de listas, diccionarios, tuplas, conjuntos y comprensiones, es posible desarrollar algoritmos más limpios, eficientes y adaptables a múltiples contextos analíticos.

Fundamentos de Listas, Diccionarios, Tuplas y Sets

Las listas son estructuras ordenadas y mutables, utilizadas para almacenar colecciones secuenciales de elementos. La mutabilidad de las listas permite añadir, eliminar o modificar elementos fácilmente, lo que las hace ideales para secuencias de datos en constante transformación.

python

```
valores = [10, 20, 30]
valores.append(40)
valores[0] = 5
```

Este comportamiento permite, por ejemplo, construir buffers

de datos temporales en pipelines. Al añadir elementos con append, la lista crece dinámicamente. Con pop, se pueden eliminar elementos específicos, manteniendo el control de la estructura en tiempo real.

Los diccionarios almacenan pares clave-valor y son especialmente útiles para modelar relaciones no lineales entre datos. Se utilizan ampliamente en procesos de mapeo, búsqueda y organización de atributos.

python

```python
usuario = {'nombre': 'Ana', 'edad': 34}
usuario['ciudad'] = 'Recife'
```

Este tipo de estructura permite acceder a valores directamente por la clave, haciendo el código más intuitivo. En escenarios donde hay asociación entre identificadores únicos y propiedades, el diccionario supera en eficiencia a otras estructuras.

Las tuplas, por su parte, son colecciones ordenadas e inmutables. Son útiles cuando se debe preservar la integridad de los datos. Esto ocurre frecuentemente al manipular coordenadas, combinaciones de valores o registros que no deben modificarse accidentalmente.

python

```python
coordenada = (12.4, 45.2)
```

Los conjuntos (sets) representan colecciones no ordenadas y sin elementos duplicados. Son apropiados para operaciones como intersección, unión y diferencia, especialmente útiles en filtrado y eliminación de duplicados.

python

```python
nombres = {'Ana', 'Carlos', 'João'}
nombres.add('Lucas')
```

La elección entre estas estructuras depende de las operaciones requeridas por el pipeline. En general, las listas son más comunes para iteraciones simples, los diccionarios dominan los modelos más complejos, las tuplas aseguran inmutabilidad y los conjuntos garantizan unicidad.

Comprensiones y Expresiones Lambda

Las comprensiones de listas y diccionarios representan una de las formas más elegantes de construir colecciones de manera declarativa y concisa. Permiten expresar filtros, transformaciones y combinaciones en una sola línea, preservando la legibilidad.

python

```python
cuadrados = [x**2 for x in range(10) if x % 2 == 0]
```

La lógica contenida dentro de la comprensión ejecuta un mapeo condicional: solo los valores pares son elevados al cuadrado. Esta construcción reduce la cantidad de código y elimina la necesidad de estructuras imperativas tradicionales como los bucles explícitos.

Comprensiones de diccionarios siguen la misma lógica:

python

```python
dobles = {x: x*2 for x in range(5)}
```

Las expresiones lambda son funciones anónimas de una sola línea, útiles para encapsular transformaciones rápidas, especialmente en funciones de orden superior como map, filter y sorted.

python

```
lista = [3, 1, 4, 2]
ordenada = sorted(lista, key=lambda x: -x)
```

La expresión lambda x: -x invierte el orden, resultando en una ordenación descendente. A pesar de su utilidad, se debe evitar abusar de las lambdas en códigos complejos. En estos casos, las funciones con nombre aportan mayor claridad.

Funciones Puras, Side Effects y Composición

Las funciones puras son bloques de código que producen los mismos resultados para los mismos inputs, sin alterar el estado externo. Son pilares del paradigma funcional y garantizan previsibilidad, lo cual es esencial en entornos analíticos y pipelines reproducibles.

python

```
def convertir_a_celsius(f):
    return (f - 32) * 5 / 9
```

Esta función es pura: dados los mismos grados Fahrenheit, siempre devuelve el mismo resultado. No hay escritura en archivos, modificación de variables globales ni interacción con el entorno externo.

Los side effects ocurren cuando las funciones modifican algo fuera de su alcance, como guardar datos en disco, cambiar una variable global o imprimir en pantalla. Aunque no siempre pueden evitarse, deben estar bien delimitados. En flujos críticos de datos, los side effects mal gestionados pueden provocar inconsistencias y errores difíciles de rastrear.

La composición de funciones es una práctica que permite encadenar múltiples transformaciones sin perder cohesión. Al componer funciones, cada etapa del procesamiento se separa en funciones pequeñas, reutilizables y testeables.

python

```python
def normalizar(x):
    return (x - min(x)) / (max(x) - min(x))


def elevar_cuadrado(x):
    return [i**2 for i in x]


def pipeline(datos):
    return elevar_cuadrado(normalizar(datos))
```

La función pipeline reutiliza transformaciones y permite modificar el flujo con facilidad, manteniendo la legibilidad.

Modularidad en Pipelines de Transformación

En proyectos de Ciencia de Datos, es común ver scripts extensos con lógica acoplada, lo que dificulta el mantenimiento y la escalabilidad. Modularizar estas transformaciones es un paso crítico para profesionalizar la estructura del proyecto.

Cada función, módulo o script debe asumir una responsabilidad única y claramente definida. Esto facilita pruebas automatizadas, identificación de errores y reutilización del código.

Pipeline modular típico:

- Lectura de datos (read_data.py)

- Preprocesamiento (preprocessing.py)

- Ingeniería de atributos (features.py)

- Entrenamiento de modelo (train.py)

- Evaluación (evaluate.py)

Además de la separación por alcance, el uso de funciones bien nombradas y argumentos explícitos ayuda a documentar el flujo analítico. Scripts con entradas parametrizadas también son más adaptables a distintos contextos y entornos.

Errores Comunes y Soluciones

Error: "TypeError: 'int' object is not iterable"
Causa: Intento de iterar sobre un número entero, generalmente en una comprensión o bucle.
Solución: Verificar si el objeto es una secuencia. En comprensiones, asegurarse de usar range(n) en lugar de solo n.

Error: "Unhashable type: 'list'"
Causa: Intento de usar una lista como clave de un diccionario o como elemento de un conjunto.
Solución: Usar tuplas en lugar de listas cuando se necesiten elementos inmutables y hashables. Los diccionarios y sets requieren elementos comparables por hash.

Error: "local variable referenced before assignment"
Causa: Una variable está siendo usada dentro de una función antes de ser asignada localmente, generando conflicto con una variable global del mismo nombre.
Solución: Usar global solo cuando sea necesario, y preferir pasar variables como argumentos. Mantener nombres consistentes y evitar sombreado.

Buenas Prácticas de Ingeniería

- Utilizar funciones puras siempre que sea posible. Aumentan la previsibilidad, reducen efectos secundarios y simplifican las pruebas.

- Preferir comprensiones legibles a bucles largos con lógica simple. Para transformaciones más complejas, modularizar en funciones con nombre.

- No confundir mutabilidad con eficiencia. Modificar listas directamente puede ser conveniente, pero compromete la trazabilidad en pipelines críticos.

- Evitar copiar y pegar bloques de código. Extraer patrones y convertirlos en funciones reutilizables.

- Nombrar funciones y variables con claridad. La intención del código debe entenderse sin necesidad de comentarios explicativos.

Resumen Estratégico

La base de la lógica aplicada en Python está en la comprensión profunda de sus estructuras de datos y en la capacidad de construir transformaciones de manera modular, clara y predecible. Listas, diccionarios, tuplas y conjuntos no son simplemente estructuras genéricas: cada una ofrece ventajas distintas cuando se aplican con precisión. Al incorporar comprensiones y funciones puras, el código se vuelve más limpio, elegante y testeable.

Esta base técnica permite la construcción de pipelines robustos y reproducibles, especialmente cuando se combina con prácticas de modularización y encapsulamiento lógico. El dominio de estas estructuras es el punto de partida para crear flujos de datos sofisticados, preparando el terreno para manipulaciones de DataFrames, aplicaciones estadísticas y modelos predictivos más complejos. El dominio de la lógica aplicada con Python no es solo una competencia técnica, sino un diferencial estratégico en entornos analíticos profesionales.

CAPÍTULO 3. MANIPULACIÓN DE DATAFRAMES CON PANDAS

El DataFrame es la estructura más poderosa y ampliamente utilizada en la Ciencia de Datos con Python. La biblioteca Pandas, construida sobre NumPy, proporciona herramientas optimizadas para manipular, transformar, agregar y visualizar datos tabulares de forma eficiente. La capacidad de realizar operaciones vectorizadas, combinada con un modelo intuitivo de indexación y filtrado, convierte a Pandas en el núcleo de casi todos los proyectos analíticos estructurados.

Este capítulo se adentra en técnicas avanzadas de manipulación de DataFrames, incluyendo indexación, slicing, uso de máscaras booleanas, agrupamientos funcionales, operaciones con apply y transform, además de estrategias prácticas para optimización de tipos y memoria. Cada concepto presentado tiene aplicación directa en rutinas de análisis, modelado o preparación de datos.

Indexación avanzada, slicing y máscaras

La indexación en Pandas permite el acceso directo y eficiente a subconjuntos de datos, ya sea por etiquetas, posiciones o condiciones lógicas. Con loc, accedemos a datos por etiqueta. Con iloc, por posición. El dominio de estos dos enfoques es esencial para manipular DataFrames con precisión.

python

```python
import pandas as pd

datos = pd.DataFrame({
    'nombre': ['Ana', 'Bruno', 'Carlos'],
    'edad': [23, 35, 31],
    'ciudad': ['SP', 'RJ', 'BH']
})


# Indexación por etiqueta
datos_loc = datos.loc[1, 'ciudad']


# Indexación por posición
datos_iloc = datos.iloc[2, 0]
```

Cuando la operación requiere selección de filas según criterios, utilizamos máscaras booleanas. Permiten filtrar DataFrames con claridad y eficiencia:

python

```python
filtro = datos['edad'] > 30
datos_filtrados = datos[filtro]
```

Este tipo de filtrado es extremadamente útil para identificar patrones, aplicar reglas y preparar subconjuntos específicos para modelado.

El slicing es la técnica de recorte por intervalos, generalmente aplicada a subconjuntos continuos. Con iloc, se pueden obtener rápidamente porciones del DataFrame con alto rendimiento:

python

```
subconjunto = datos.iloc[0:2]
```

Para operaciones con múltiples condiciones, utilizamos operadores lógicos combinados:

python

```
filtro_complejo = (datos['edad'] > 30) & (datos['ciudad'] == 'RJ')
datos_seleccionados = datos[filtro_complejo]
```

La fluidez en esta sintaxis permite transformar DataFrames en bloques maleables de datos, adaptables a cualquier lógica analítica.

Operaciones vectorizadas y pipelines funcionales

La principal ventaja de Pandas está en su capacidad para operar sobre columnas completas de manera vectorizada, sin necesidad de bucles explícitos. Estas operaciones son más rápidas, más legibles y reducen drásticamente el tiempo de ejecución.

python

```
datos['edad_ajustada'] = datos['edad'] + 1
```

Esta línea altera toda la columna edad, añadiendo un año a cada fila. El mismo razonamiento se aplica a transformaciones matemáticas, normalizaciones, sustituciones y más.

Para flujos analíticos encadenados, Pandas permite el uso de pipelines funcionales, organizando secuencias de operaciones con claridad. El operador pipe es ideal cuando se quieren aplicar funciones personalizadas en etapas:

python

```python
def estandarizar_columna(col):
    return col.str.upper()


datos['ciudad'] = datos['ciudad'].pipe(estandarizar_columna)
```

El pipe preserva la legibilidad y modulariza las transformaciones. En pipelines más complejos, este enfoque reduce acoplamientos y mejora la testabilidad.

GroupBy, transform, apply y manipulaciones complejas

El agrupamiento de datos con groupby es una de las funcionalidades más poderosas de Pandas. Permite realizar operaciones agregadas, transformaciones y filtrados en diferentes niveles de granularidad.

python

```python
media_edad_por_ciudad = datos.groupby('ciudad')
['edad'].mean()
```

Este comando calcula la media de edad por ciudad, devolviendo una nueva serie con los resultados. Para mantener la estructura original del DataFrame, usamos transform:

python

```python
datos['edad_media'] = datos.groupby('ciudad')
```

['edad'].transform('mean')

transform devuelve un objeto del mismo tamaño que el DataFrame original, permitiendo añadir columnas con resultados agregados al contexto original.

El método apply extiende esta lógica, permitiendo aplicar funciones personalizadas fila a fila o grupo a grupo. Es más flexible, aunque menos performante que los métodos vectorizados:

python

```python
def clasificar_edad(edad):
    if edad < 25:
        return 'joven'
    elif edad < 40:
        return 'adulto'
    return 'senior'


datos['franja'] = datos['edad'].apply(clasificar_edad)
```

En operaciones agrupadas, apply puede usarse para realizar agregaciones múltiples o ejecutar lógicas específicas por grupo:

python

```python
def resumen_grupo(grupo):
    return pd.Series({
        'min_edad': grupo['edad'].min(),
        'max_edad': grupo['edad'].max()
```

```
})
```

```
resumen = datos.groupby('ciudad').apply(resumen_grupo)
```

Este tipo de manipulación permite análisis de alta granularidad sin perder control del alcance.

Optimización de tipos y memoria

Proyectos con grandes volúmenes de datos requieren atención especial al uso de memoria. Pandas ofrece herramientas para optimizar tipos y reducir el consumo de memoria de los DataFrames.

Uno de los errores más comunes es cargar datos con tipos genéricos (como object) cuando los valores podrían ser category, int32 o float32.

python

```
datos['ciudad'] = datos['ciudad'].astype('category')
```

La conversión a category reduce drásticamente el uso de memoria cuando hay repetición de valores. Para columnas numéricas, especificar el tipo más pequeño necesario también aporta mejoras significativas:

python

```
datos['edad'] = datos['edad'].astype('int8')
```

Además de la conversión explícita, funciones como pd.to_numeric y pd.to_datetime ayudan a convertir columnas de texto en tipos apropiados para análisis y ordenación:

python

```
df['fecha'] = pd.to_datetime(df['fecha'])
```

Otra práctica importante es utilizar el parámetro dtype al momento de la lectura:

python

```
df = pd.read_csv('datos.csv', dtype={'edad': 'int16', 'ciudad': 'category'})
```

Esto evita que Pandas infiera incorrectamente los tipos, lo cual es común en archivos con miles de filas.

Resolución de Errores Comunes

Error: "KeyError: 'columna_inexistente'"
Causa: Intento de acceder a una columna que no existe en el DataFrame.
Solución: Verificar que el nombre de la columna sea correcto, incluyendo tildes y mayúsculas. Usar df.columns para listar los nombres disponibles.

Error: "SettingWithCopyWarning"
Causa: Modificación indirecta de una porción de un DataFrame, que puede no reflejarse en el objeto original.
Solución: Usar .loc para modificar valores de forma explícita y segura:

python

```
df.loc[df['condición'], 'columna'] = nuevo_valor
```

Error: "ValueError: Cannot set a DataFrame with multiple columns to the single column"

Causa: Intento de asignar un DataFrame con múltiples columnas a una sola columna del DataFrame destino.

Solución: Verificar la forma de la estructura asignada. Usar columnas individuales o assign correctamente:

python

```
df[['columna1', 'columna2']] = df_temp[['columna1',
'columna2']]
```

Buenas Prácticas

- Siempre preferir operaciones vectorizadas. Son más rápidas y seguras que los bucles for.

- Usar assign y pipe para encadenar transformaciones y crear pipelines claros y reutilizables.

- Utilizar transform en lugar de apply siempre que sea posible, por cuestiones de rendimiento y compatibilidad con groupby.

- Documentar funciones utilizadas en apply con docstrings cortas. Facilita las pruebas y la comprensión.

- Revisar los tipos de datos cargados. El uso inteligente de category, int32 y float32 puede reducir hasta un 80% del uso de memoria.

- Evitar sobrescribir el DataFrame original durante pruebas. Trabajar con copias temporales o usar inplace=False.

Resumen Estratégico

Manipular DataFrames con Pandas es uno de los pilares operativos de la Ciencia de Datos moderna. La combinación de indexación avanzada, operaciones vectorizadas y agrupamientos funcionales permite construir análisis robustos y escalables con precisión y fluidez. Al dominar los métodos loc, iloc, apply, transform y groupby, el científico de datos adquiere control total sobre la estructura tabular y puede realizar desde transformaciones simples hasta operaciones de ingeniería de datos a gran escala.

El enfoque en legibilidad, modularidad y rendimiento transforma un código de análisis en una infraestructura técnica confiable y de alto impacto. El entendimiento profundo de las estructuras, aliado al uso estratégico de optimizaciones de memoria, asegura que incluso proyectos con millones de registros puedan procesarse eficientemente en máquinas locales o entornos en la nube. Pandas deja de ser solo una biblioteca, y se consolida como una plataforma analítica de ingeniería aplicada.

CAPÍTULO 4. LECTURA, ESCRITURA Y PARSING DE DATOS COMPLEJOS

Los proyectos reales de Ciencia de Datos dependen de la capacidad para manejar datos en formatos variados, provenientes de múltiples fuentes y almacenados con diferentes estructuras. Leer, escribir y transformar datos complejos con precisión es una competencia central para cualquier pipeline analítico. Este capítulo presenta las técnicas fundamentales para trabajar con archivos CSV, JSON, Excel, Parquet y formatos binarios, además de abordar el parsing de datos anidados, estrategias de chunking para grandes volúmenes, manipulación de codificaciones y lectura con conectores externos.

CSV, JSON, Excel, Parquet y formatos binarios

Los archivos CSV son la forma más común de almacenamiento tabular. Livianos, legibles y ampliamente soportados, son una opción natural para el intercambio de datos entre sistemas. En Pandas, la lectura es directa con read_csv:

python

```
import pandas as pd

df = pd.read_csv('datos.csv')
```

Parámetros como sep, encoding, na_values y usecols permiten adaptar la lectura a archivos no estandarizados:

python

```
df = pd.read_csv('datos.csv', sep=';', encoding='latin1',
na_values=['NA'], usecols=['nombre', 'edad'])
```

JSON se utiliza con frecuencia en APIs y sistemas web. Su estructura jerárquica exige parsing especial, principalmente cuando involucra listas o diccionarios anidados:

python

```
df = pd.read_json('datos.json')
```

En casos más complejos, con datos en formato línea por línea (newline-delimited JSON), es necesario ajustar el parámetro lines:

python

```
df = pd.read_json('datos_nd.json', lines=True)
```

Excel sigue siendo relevante, especialmente en entornos corporativos. Pandas ofrece soporte nativo mediante read_excel, con posibilidad de seleccionar hojas específicas:

python

```
df = pd.read_excel('datos.xlsx', sheet_name='Hoja1')
```

Los archivos Parquet están optimizados para almacenar datos en columnas, con compresión embebida. Son ideales para entornos distribuidos o proyectos que requieren lectura rápida a escala:

python

```python
df = pd.read_parquet('datos.parquet')
```

Por último, los formatos binarios como Feather y Pickle se usan para persistencia temporal entre etapas de un pipeline:

python

```python
df.to_feather('datos.feather')
df = pd.read_feather('datos.feather')
```

Estos formatos son altamente eficientes en lectura y escritura local, aunque menos portables que CSV o JSON.

Parsing de datos anidados y semiestructurados

Al consumir APIs o archivos exportados desde sistemas complejos, es común encontrarse con estructuras anidadas — listas dentro de listas, diccionarios dentro de campos de texto o columnas compuestas por JSON.

En estos casos, el módulo json de la biblioteca estándar de Python es esencial para expandir los datos manualmente:

python

```python
import json

with open('datos.json') as f:
    datos = json.load(f)
```

Para integrarlo con Pandas, es común convertir los elementos en DataFrames con json_normalize, actualmente accesible como pd.json_normalize:

python

```
from pandas import json_normalize

df = json_normalize(datos, record_path=['clientes'],
meta=['empresa'])
```

Este método permite extraer subniveles de datos manteniendo la asociación con campos del nivel superior. Cuando los datos anidados están en columnas dentro del propio DataFrame, usamos apply para expandir los campos:

python

```
import ast

df['detalles'] = df['detalles'].apply(ast.literal_eval)
df_exp = pd.json_normalize(df['detalles'])
df = df.join(df_exp)
```

Esta técnica es especialmente útil en bases de marketplaces, logs de aplicaciones o registros transaccionales exportados en formato JSON.

Chunking, encoding y transformaciones on-the-fly

Archivos con millones de filas requieren estrategias de

lectura por partes — el llamado chunking. Pandas permite leer archivos en bloques mediante el parámetro chunksize, evitando desbordes de memoria:

python

```
for chunk in pd.read_csv('grande.csv', chunksize=10000):
    procesar(chunk)
```

El chunk retorna un iterador de DataFrames. Cada bloque puede transformarse y guardarse independientemente. Para acelerar este proceso, es común aplicar filtros directamente sobre cada chunk:

python

```
resultados = []

for chunk in pd.read_csv('grande.csv', chunksize=10000):
    filtrado = chunk[chunk['valor'] > 1000]
    resultados.append(filtrado)

df_final = pd.concat(resultados)
```

El encoding es otro punto crítico, especialmente al trabajar con datos en portugués, francés, chino o árabe. El estándar utf-8 cubre la mayoría de los casos, pero archivos heredados pueden requerir ajustes:

python

```
df = pd.read_csv('archivo.csv', encoding='latin1')
```

Las transformaciones on-the-fly se refieren a preprocesamientos durante la lectura, como renombrar columnas, convertir tipos o completar valores faltantes automáticamente. Combinadas con el chunking, hacen el pipeline más eficiente:

python

```
for chunk in pd.read_csv('datos.csv', chunksize=5000):
    chunk.columns = [col.lower() for col in chunk.columns]
    chunk['valor'] = chunk['valor'].fillna(0)
    guardar(chunk)
```

Este patrón permite trabajar con grandes bases de datos sin necesidad de cargarlas completamente en memoria.

Conectores externos y lectura en lote

En entornos modernos, muchos datos no se encuentran en archivos locales, sino en bases de datos relacionales, buckets en la nube, APIs REST o sistemas distribuidos. Pandas se integra bien con múltiples fuentes externas.

Para lectura desde bases SQL, usamos read_sql:

python

```
import sqlite3

con = sqlite3.connect('mibase.db')
df = pd.read_sql('SELECT * FROM ventas', con)
```

En bases más grandes, se recomienda usar chunksize para

evitar sobrecarga de memoria. Para bases PostgreSQL o MySQL, bibliotecas como sqlalchemy o psycopg2 son utilizadas para autenticación y conexión remota.

En la nube, Pandas permite leer directamente desde archivos hospedados vía URL:

python

```
df = pd.read_csv('https://datos.gov.br/archivo.csv')
```

O desde buckets S3 con s3fs:

python

```
df = pd.read_csv('s3://mibucket/archivo.csv',
storage_options={'key': '...', 'secret': '...'})
```

En pipelines industriales, es común configurar lectores automáticos conectados a directorios versionados o sistemas de eventos, consumiendo archivos conforme se generan. La lectura en lote con control transaccional garantiza consistencia entre etapas:

- Lectura incremental con marcado de timestamp

- Validación de schema antes de cargar

- Almacenamiento temporal para fallback

Resolución de Errores Comunes

Error: "UnicodeDecodeError: 'utf-8' codec can't decode byte..."

Causa: Archivo con codificación distinta a UTF-8.
Solución: Probar encoding='latin1' o encoding='iso-8859-1'.

Error: "ParserError: Error tokenizing data"
Causa: CSV mal formateado, columnas extra o delimitadores inconsistentes.
Solución: Usar sep, quotechar, engine='python' o on_bad_lines='skip'.

Error: "ValueError: Mixing dicts with non-Series may lead to ambiguous ordering"
Causa: Intento de normalizar JSON con estructura inconsistente.
Solución: Ajustar record_path y normalizar campos manualmente con apply.

Error: "OSError: Passed non-file path"
Causa: Intento de leer un archivo inexistente o URL malformada.
Solución: Validar la ruta con os.path.exists o probar la URL en navegador.

Buenas Prácticas

- Validar siempre el encoding del archivo antes de procesar. Adoptar UTF-8 como estándar y documentar excepciones.

- Al trabajar con JSON, identificar la estructura con type() antes de normalizar.

- Preferir read_csv con chunksize en archivos con más de un millón de filas.

- Usar usecols, nrows y dtype para reducir el volumen de datos cargados.

- Nunca modificar archivos originales sin generar una copia intermedia. Los datos son activos valiosos y necesitan versionamiento.

- Al consumir APIs, implementar reintentos y chequeos de integridad (por ejemplo, tamaño mínimo esperado o campos obligatorios).

- Crear logs automáticos de lectura y escritura con número de registros y timestamp. Facilita el rastreo de fallos en producción.

Resumen Estratégico

La manipulación eficiente de múltiples formatos de datos es una de las mayores ventajas en proyectos de Ciencia de Datos con impacto real. Con dominio sobre lectura, escritura y parsing de archivos CSV, JSON, Excel y Parquet, el analista está preparado para operar en cualquier ecosistema, desde experimentos locales hasta pipelines escalables en la nube.

El uso estratégico de chunking, codificaciones correctas, normalización de datos anidados y conectores externos garantiza fluidez y robustez en las etapas de ingestión. La habilidad de transformar datos durante la lectura, reducir el consumo de memoria y validar estructuras complejas convierte la etapa de input en un verdadero motor de inteligencia. En entornos productivos, quien domina la entrada domina el ritmo del proyecto.

CAPÍTULO 5. LIMPIEZA, NORMALIZACIÓN Y CALIDAD DE DATOS

Ningún pipeline de Ciencia de Datos alcanza relevancia real sin una etapa rigurosa de limpieza y preparación de los datos. La calidad de los datos define los límites de la precisión de los modelos, la confiabilidad de los análisis y la integridad de las decisiones extraídas. Los datos brutos, por más voluminosos que sean, son solo materia prima. El verdadero valor solo emerge cuando estos datos son tratados, normalizados y organizados de forma estratégica.

Este capítulo aborda las técnicas fundamentales de identificación y tratamiento de valores ausentes, detección de outliers, eliminación de inconsistencias, normalización de escalas y automatización del proceso de *data wrangling*. Cada etapa está diseñada para garantizar que los datos estén listos para ser utilizados en modelados avanzados y toma de decisiones robustas.

Identificación de outliers y llenado de valores ausentes

Los outliers representan valores que se alejan significativamente del patrón esperado. Pueden indicar errores de entrada, variaciones extremas legítimas o fraudes. La detección de outliers exige sensibilidad al contexto y a las características del dato analizado.

En Pandas, un enfoque inicial es utilizar medidas descriptivas:

python

```
import pandas as pd


df = pd.read_csv('clientes.csv')
df['idade'].describe()
```

Valores que exceden 1.5 veces el intervalo intercuartil (IQR) son fuertes candidatos a outliers:

python

```
q1 = df['idade'].quantile(0.25)
q3 = df['idade'].quantile(0.75)
iqr = q3 - q1


filtro = (df['idade'] < (q1 - 1.5 * iqr)) | (df['idade'] > (q3 + 1.5 * iqr))
outliers = df[filtro]
```

Una vez identificados, los outliers pueden eliminarse, imputarse o tratarse con técnicas robustas como transformación logarítmica o normalización con *robust scaler*.

Los valores ausentes son inevitables en datos reales. Pandas facilita tanto su detección como tratamiento:

python

```
df.isnull().sum()
```

Para completarlos, se utiliza fillna. El valor puede ser constante, estadístico o incluso interpolado:

python

```
df['renda'] = df['renda'].fillna(df['renda'].median())
df['cidade'] = df['cidade'].fillna('Indefinido')
```

En series temporales, la interpolación temporal es útil:

python

```
df['temperatura'] =
df['temperatura'].interpolate(method='time')
```

La eliminación completa de registros con datos ausentes debe evitarse, salvo en casos específicos donde la ausencia desvirtúe el punto de datos.

Eliminación y sustitución de inconsistencias

Las inconsistencias ocurren cuando los datos violan patrones esperados. Esto incluye errores ortográficos, formatos divergentes y uso no estandarizado de símbolos.

Un caso común involucra columnas con nombres de ciudades o categorías escritos de forma variada:

python

```
df['cidade'].unique()
```

Para estandarizar:

python

```
df['cidade'] = df['cidade'].str.upper().str.strip()
df['cidade'] = df['cidade'].replace({'SÃO PAULO': 'SAO PAULO'})
```

Espacios en blanco, acentos y variaciones lingüísticas pueden tratarse con funciones de string:

python

```
df['produto'] =
df['produto'].str.normalize('NFKD').str.encode('ascii',
errors='ignore').str.decode('utf-8')
```

Errores en valores numéricos, como comas o unidades, también exigen normalización antes de convertir el tipo:

python

```
df['preco'] = df['preco'].str.replace(',', '.').str.replace('R$',
'').astype(float)
```

Cuando las inconsistencias aparecen en columnas que deberían contener solo valores categóricos válidos, una estrategia eficaz es el mapeo con listas de referencia:

python

```
valores_validos = ['BÁSICO', 'INTERMEDIÁRIO', 'AVANÇADO']
df = df[df['nível'].isin(valores_validos)]
```

Estas limpiezas preservan la integridad estadística e impiden que el ruido contamine los análisis posteriores.

Normalización y estandarización

Normalizar es transformar los datos para que estén en la misma escala. Esto es esencial para algoritmos sensibles a la magnitud de los datos, como regresión lineal, KNN y redes neuronales.

La técnica de *min-max scaling* convierte los valores al rango de 0 a 1:

python

```
from sklearn.preprocessing import MinMaxScaler


scaler = MinMaxScaler()
df[['salario']] = scaler.fit_transform(df[['salario']])
```

La estandarización, por su parte, utiliza la media y la desviación estándar para centrar los datos en torno a cero, con varianza unitaria:

python

```
from sklearn.preprocessing import StandardScaler


scaler = StandardScaler()
df[['idade']] = scaler.fit_transform(df[['idade']])
```

Otra técnica importante es la transformación robusta, que reduce el impacto de los outliers:

python

```
from sklearn.preprocessing import RobustScaler
```

```python
scaler = RobustScaler()
df[['desempenho']] = scaler.fit_transform(df[['desempenho']])
```

Elegir entre normalización, estandarización o escalado robusto depende de la distribución de los datos y de la sensibilidad del modelo a aplicar. Para árboles de decisión, por ejemplo, la escala no afecta el rendimiento. Pero para distancias euclidianas, la transformación es esencial.

Data wrangling automatizado

Automatizar la limpieza y transformación de datos reduce retrabajo y garantiza reproducibilidad. Una práctica eficiente es encapsular transformaciones en funciones reutilizables:

python

```python
def limpar_coluna(coluna):
    return
coluna.str.upper().str.strip().str.normalize('NFKD').str.encode(
'ascii', errors='ignore').str.decode('utf-8')
```

Esta función puede aplicarse sistemáticamente:

python

```python
df['cidade'] = limpar_coluna(df['cidade'])
```

Otra estrategia es componer pipelines con bibliotecas como sklearn.pipeline, pandas-ply o feature-engine:

python

```
from sklearn.pipeline import Pipeline

from sklearn.impute import SimpleImputer

from sklearn.preprocessing import StandardScaler


pipeline = Pipeline([

    ('imputacao', SimpleImputer(strategy='median')),

    ('escala', StandardScaler())

])


df[['idade', 'salario']] = pipeline.fit_transform(df[['idade', 'salario']])
```

Cuando las transformaciones deben ejecutarse sobre grandes volúmenes, el uso de Dask, modin o PySpark permite paralelizar las etapas de *wrangling* en clusters o múltiples núcleos de CPU.

Los flujos automatizados son especialmente útiles en escenarios de ingestión continua, donde nuevos datos llegan con frecuencia y deben limpiarse antes de alimentar modelos en producción.

Resolución de Errores Comunes

Error: "ValueError: could not convert string to float"
Causa: Datos con símbolos, separadores incorrectos o texto en columnas numéricas.
Solución: Usar str.replace para limpiar el contenido y astype(float) tras la sanitización.

Error: "KeyError: 'coluna'"
Causa: Intento de aplicar transformaciones en columnas renombradas, eliminadas o no cargadas.
Solución: Verificar la presencia de columnas con df.columns antes de la transformación.

Error: "Input contains NaN, infinity or a value too large"
Causa: No se rellenaron ni eliminaron valores ausentes antes del modelado.
Solución: Usar fillna, dropna o SimpleImputer para tratamiento previo.

Error: "A value is trying to be set on a copy of a slice from a DataFrame"
Causa: Modificación de un subconjunto sin uso adecuado de loc.
Solución: Siempre aplicar modificaciones con df.loc[condición, 'coluna'] = nuevo_valor.

Buenas Prácticas

- Siempre analizar la distribución antes de aplicar normalización. Usar histogramas o boxplots para visualizar la dispersión.

- Evitar decisiones automáticas sobre outliers. Combinar estadística descriptiva con contexto de negocio.

- Encapsular transformaciones en funciones con nombres claros. Esto reduce errores y mejora la mantenibilidad.

- Nunca sobrescribir datos brutos. Mantener copias originales y versiones tratadas con versionamiento controlado.

- Documentar todas las etapas de limpieza. En entornos regulatorios, la trazabilidad es obligatoria.

- Probar los pipelines con conjuntos de datos reducidos antes de escalar a producción.

- Validar siempre los datos después de la transformación. El uso de .info(), .describe() y .isnull().sum() evita sorpresas en el modelo.

Resumen Estratégico

La calidad de los datos es la base técnica de toda cadena analítica. Limpiar, normalizar y transformar datos de forma sistemática es una habilidad estratégica que diferencia pipelines improvisados de flujos industriales y robustos. El dominio sobre identificación de outliers, llenado de valores ausentes y normalización de escalas permite construir datasets consistentes, listos para alimentar algoritmos de alto rendimiento.

Automatizar la etapa de *data wrangling* aumenta la escalabilidad del equipo de datos, reduce errores operacionales y acelera ciclos de entrega. Al tratar los datos con el mismo rigor que se aplica al código, creamos infraestructuras analíticas confiables, auditables y preparadas para cualquier escenario productivo. La calidad de datos no es una etapa. Es una condición.

CAPÍTULO 6. NUMPY Y COMPUTACIÓN VECTORIAL OPTIMIZADA

La base de todo el ecosistema de computación numérica en Python es NumPy. Al proporcionar arrays multidimensionales con operaciones vectorizadas de alto rendimiento, NumPy permite realizar cálculos científicos, manipulaciones de datos y transformaciones estadísticas con un rendimiento comparable al de lenguajes compilados. Para proyectos de Ciencia de Datos, dominar NumPy no es solo deseable, sino obligatorio. Sirve como base para bibliotecas como Pandas, Scikit-learn, SciPy e incluso frameworks de *deep learning* como PyTorch y TensorFlow.

Este capítulo explora la construcción y manipulación de arrays multidimensionales, el concepto de *broadcasting*, las principales operaciones matemáticas, el control de ejes, la integración con otras bibliotecas y estrategias prácticas para optimización de rendimiento y análisis de cuellos de botella computacionales.

Arrays multidimensionales y broadcasting

El objeto central de NumPy es el ndarray, una estructura de datos eficiente, homogénea y multidimensional. A diferencia de las listas de Python, que pueden contener elementos heterogéneos, los arrays de NumPy operan con tipos consistentes, permitiendo operaciones vectorizadas con uso mínimo de bucles.

python

```
import numpy as np


a = np.array([1, 2, 3])
b = np.array([[1, 2, 3], [4, 5, 6]])
```

El array a es unidimensional; b es bidimensional. Ambos permiten acceso indexado y operaciones aritméticas directas.

El *broadcasting* es un recurso fundamental de NumPy que permite realizar operaciones entre arrays de diferentes formas sin necesidad de replicación manual. La regla de broadcasting alinea dimensiones menores con mayores, expandiendo valores automáticamente cuando es posible.

python

```
m = np.array([[1, 2], [3, 4]])
v = np.array([10, 20])


resultado = m + v
```

En este ejemplo, el vector v se expande automáticamente para cada fila de m. El resultado es la suma fila a fila, sin bucles explícitos.

Esta capacidad elimina la necesidad de estructuras de repetición para operaciones entre vectores y matrices, promoviendo legibilidad y rendimiento.

Operaciones matemáticas y manipulación de ejes

NumPy ofrece una amplia gama de funciones matemáticas vectorizadas que operan sobre arrays completos con alta eficiencia. Las funciones aritméticas básicas están disponibles como operadores directos:

python

```
x = np.array([1, 2, 3])
y = np.array([4, 5, 6])


suma = x + y
producto = x * y
```

Además, funciones como np.exp, np.log, np.sqrt, np.sin y np.mean se aplican directamente:

python

```
valores = np.array([1, 4, 9, 16])
raices = np.sqrt(valores)
```

El concepto de eje (*axis*) es esencial en la manipulación de arrays multidimensionales. La elección del eje define cómo se aplicará la operación:

- axis=0: operación a lo largo de las columnas (recorriendo filas)

- axis=1: operación a lo largo de las filas (recorriendo columnas)

python

```
matriz = np.array([[1, 2], [3, 4]])

suma_filas = matriz.sum(axis=1)
suma_columnas = matriz.sum(axis=0)
```

Entender y controlar los ejes es fundamental para realizar agregaciones, normalizaciones y proyecciones correctas.

Funciones como np.argmax, np.cumsum y np.diff amplían las posibilidades analíticas, permitiendo localizar máximos, construir series acumuladas o calcular variaciones entre elementos.

Interoperabilidad con otras bibliotecas

NumPy fue diseñado para interoperar con todo el ecosistema científico de Python. Pandas utiliza arrays de NumPy internamente para representar columnas de DataFrames. Al convertir estructuras, se mantiene el rendimiento:

python

```
import pandas as pd

df = pd.DataFrame(np.random.rand(5, 3), columns=['a', 'b', 'c'])
array = df.values
```

La comunicación con Scikit-learn también es nativa, ya que los modelos esperan arrays como entrada. Al construir pipelines, es común convertir DataFrames de Pandas a NumPy antes del modelado:

python

```
from sklearn.linear_model import LinearRegression

modelo = LinearRegression()
modelo.fit(df.values, np.array([1, 2, 3, 4, 5]))
```

Frameworks de *deep learning* como PyTorch y TensorFlow poseen mecanismos directos para convertir tensores a arrays de NumPy y viceversa:

python

```
import torch

tensor = torch.tensor([1.0, 2.0])
array = tensor.numpy()
```

Además, bibliotecas como OpenCV y PIL, orientadas al procesamiento de imágenes, utilizan arrays de NumPy para representar píxeles, canales y transformaciones geométricas. Esta integración reduce el *overhead* de conversión y permite pipelines más fluidos.

Ajuste de rendimiento y *profiling*

NumPy es muy eficiente, pero su rendimiento puede optimizarse aún más con algunas estrategias de ingeniería.

El primer paso es evitar bucles de Python sobre arrays. En lugar de iterar fila por fila, deben aplicarse funciones vectorizadas:

python

```
# Ineficiente
squared = [x**2 for x in x_array]

# Eficiente
squared = np.square(x_array)
```

Las funciones internas de NumPy están escritas en C, lo que garantiza un rendimiento superior a la ejecución en Python puro.

Otra estrategia es el uso de *views* en lugar de copias. Al realizar slicing sobre arrays, NumPy retorna una vista del original, evitando duplicación innecesaria en memoria:

python

```
subarray = array[0:5]
```

La manipulación de tipos también afecta al rendimiento. Trabajar con float64 cuando float32 es suficiente genera uso innecesario de memoria. Las conversiones controladas mejoran el rendimiento sin pérdida significativa de precisión:

python

```
array = array.astype('float32')
```

Para investigar cuellos de botella en el rendimiento, herramientas como %timeit en Jupyter o bibliotecas como line_profiler ayudan a identificar puntos críticos:

python

```
%timeit np.sum(array)
```

En pipelines más exigentes, bibliotecas como Numba y Cython permiten compilar funciones específicas, aumentando la velocidad de ejecución:

python

```
from numba import jit


@jit
def calcular(x):
    return x ** 2 + 3 * x - 5
```

Con estas optimizaciones, los proyectos que dependen de cálculos intensivos ganan eficiencia computacional, reduciendo tiempo y coste de procesamiento.

Resolución de Errores Comunes

Error: "ValueError: operands could not be broadcast together with shapes..."
Causa: Arrays con dimensiones incompatibles para broadcasting.
Solución: Verificar formatos con array.shape y ajustar dimensiones con reshape o expand_dims.

Error: "TypeError: only size-1 arrays can be converted to Python scalars"
Causa: Intento de convertir array multidimensional a escalar.

Solución: Usar array.item() solo en arrays de tamaño 1.

Error: "MemoryError"
Causa: Creación de arrays demasiado grandes para la RAM disponible.
Solución: Usar dtype más ligeros (como float32), optimizar *slices* o dividir el procesamiento en bloques.

Error: "IndexError: too many indices for array"
Causa: Acceso con número incorrecto de dimensiones.
Solución: Confirmar número de ejes con ndim y ajustar el acceso con array[i] o array[i, j] según sea necesario.

Buenas Prácticas

- Usar siempre operaciones vectorizadas en lugar de bucles explícitos. Garantiza rendimiento y claridad.

- Dominar el uso de axis. Muchos errores de agregación y normalización se deben a mala interpretación de ejes.

- Utilizar np.where, np.select y np.clip para aplicar lógicas condicionales de forma eficiente.

- Evitar conversiones innecesarias entre listas, DataFrames y arrays. Mantener tipo homogéneo en el pipeline.

- Al manipular imágenes o series temporales, usar slicing en lugar de copiar porciones. Ahorra memoria y tiempo.

- Preferir np.dot para multiplicación de matrices y np.linalg para operaciones lineales más complejas.

- Documentar la estructura de los arrays en cada etapa. Mantener control de *shapes* y ejes es esencial en pipelines multidimensionales.

Resumen Estratégico

NumPy es más que una biblioteca: es el motor de vectorización que sustenta todo el ecosistema analítico en Python. Su poder proviene de la simplicidad de la sintaxis aliada a la eficiencia de operaciones a bajo nivel. Dominar el uso de arrays, el control de ejes y la aplicación de operaciones vectorizadas transforma la forma en que se conducen los cálculos, desde el prototipo hasta el entorno productivo.

Al integrar NumPy de forma inteligente con otras bibliotecas y aplicar técnicas de *profiling* y ajuste de tipos, los científicos de datos ganan velocidad, precisión y control. En escenarios donde el volumen y la velocidad importan, NumPy es el diferencial técnico que separa el código experimental del código de ingeniería aplicada. Vectorizar no es solo optimizar. Es pensar en escala.

CAPÍTULO 7. VISUALIZACIÓN ANALÍTICA CON MATPLOTLIB Y SEABORN

La visualización de datos es un pilar técnico y comunicacional en la Ciencia de Datos. Más que ilustraciones, los gráficos son instrumentos de lectura estratégica, validación de hipótesis, análisis de comportamiento y soporte de argumentos en presentaciones técnicas. Bibliotecas como Matplotlib y Seaborn ofrecen al científico de datos control absoluto sobre todos los elementos de un gráfico, desde la estética hasta la escala, pasando por anotaciones e interactividad. Saber utilizarlas con precisión amplía la capacidad analítica y mejora la transmisión del conocimiento técnico.

Este capítulo abarca desde la creación de gráficos básicos hasta visualizaciones multivariadas, ajustes de layout, integración con entornos interactivos y exportación de imágenes. El enfoque está en construir visualizaciones útiles, interpretables y reproducibles, con el nivel de refinamiento exigido en entornos profesionales.

Creación de gráficos técnicos y dashboards simples

La biblioteca Matplotlib es la base sobre la que se construyen muchas herramientas de visualización. Su módulo principal, pyplot, permite construir gráficos con control preciso sobre todos los elementos.

python

```
import matplotlib.pyplot as plt


x = [1, 2, 3, 4]
y = [10, 20, 25, 30]


plt.plot(x, y)
plt.title('Evolución de Ventas')
plt.xlabel('Trimestre')
plt.ylabel('Ingresos (mil)')
plt.grid(True)
plt.show()
```

El comando plt.plot genera un gráfico de línea por defecto. El uso de title, xlabel y ylabel proporciona contexto inmediato. Activar grid mejora la lectura. Esta estructura sirve como esqueleto para visualizaciones más complejas.

Para gráficos de barras, usamos plt.bar:

python

```
categorias = ['A', 'B', 'C']
valores = [100, 230, 180]


plt.bar(categorias, valores, color='steelblue')
plt.title('Distribución por Categoría')
plt.show()
```

Gráficos de dispersión con plt.scatter son fundamentales en el análisis de correlación entre variables continuas:

python

```
import numpy as np

x = np.random.rand(100)
y = x + np.random.normal(0, 0.1, 100)

plt.scatter(x, y, alpha=0.7)
plt.title('Relación X vs Y')
plt.xlabel('X')
plt.ylabel('Y')
plt.show()
```

La biblioteca Seaborn, construida sobre Matplotlib, añade gráficos estadísticos con menos código y mejor estilo por defecto. Para un histograma con distribución suavizada:

python

```
import seaborn as sns

datos = np.random.normal(size=1000)

sns.histplot(datos, kde=True)
plt.title('Distribución de Variables')
```

```
plt.show()
```

Para dashboards simples, el uso de subplots permite organizar múltiples gráficos en una misma figura:

python

```
fig, axs = plt.subplots(1, 2, figsize=(10, 4))

axs[0].bar(categorias, valores)
axs[0].set_title('Barras')

axs[1].plot(x, y)
axs[1].set_title('Línea')

plt.tight_layout()
plt.show()
```

Personalización de layout, escalas y anotaciones

Las visualizaciones técnicas exigen más que gráficos estéticos. Es fundamental configurar escalas, límites, colores y anotaciones para que la información sea leída de forma eficiente.

Con plt.xlim y plt.ylim definimos los límites de los ejes:

python

```
plt.plot(x, y)
plt.xlim(0, 5)
plt.ylim(0, 40)
```

Para cambiar la escala a logarítmica, usamos plt.xscale('log') o plt.yscale('log'). En datos que crecen exponencialmente, esto permite una mejor distribución visual.

Las anotaciones hacen los gráficos más informativos:

python

```python
plt.plot(x, y)
plt.annotate('Pico', xy=(3, 25), xytext=(2.5, 30),
        arrowprops=dict(facecolor='black', shrink=0.05))
```

La función annotate inserta texto y una flecha apuntando a un punto relevante. Es muy útil en informes y presentaciones.

La leyenda se configura con plt.legend, esencial en gráficos con múltiples series:

python

```python
plt.plot(x, y, label='Serie A')
plt.plot(x, [i * 0.8 for i in y], label='Serie B')
plt.legend(loc='upper left')
```

Seaborn ya incorpora temas de forma nativa. Para ajustar estilos globales:

python

```python
sns.set_style('whitegrid')
sns.set_context('talk')
```

Estas funciones mejoran la legibilidad de forma consistente, con enfoque en presentaciones técnicas.

Visualización de datos multivariados

Analizar múltiples variables simultáneamente requiere gráficos que capturen relaciones complejas. Seaborn ofrece herramientas directas para ello.

pairplot construye matrices de gráficos de dispersión para todas las combinaciones entre variables:

python

```
df = sns.load_dataset('iris')

sns.pairplot(df, hue='species')
```

La función hue colorea los puntos según una variable categórica, facilitando la identificación de patrones por grupo.

heatmap permite visualizar matrices numéricas como correlaciones:

python

```
correlacion = df.corr()

sns.heatmap(correlacion, annot=True, cmap='coolwarm')
```

El boxplot muestra la distribución y los outliers de una variable numérica por categoría:

python

```
sns.boxplot(x='species', y='sepal_length', data=df)
```

Estas visualizaciones ofrecen insights sobre dispersión, variabilidad y comportamiento estadístico entre variables.

Para variables categóricas combinadas con continuas, el violinplot ofrece una alternativa rica al boxplot:

python

```
sns.violinplot(x='species', y='sepal_width', data=df)
```

Es importante recordar que las visualizaciones multivariadas requieren datos limpios y bien estructurados. Valores ausentes, formatos inconsistentes o escalas incompatibles comprometen la lectura visual.

Integración con notebooks y exportación

Trabajar en notebooks Jupyter permite generar gráficos interactivos y documentar el razonamiento analítico. Matplotlib y Seaborn se integran automáticamente con %matplotlib inline:

python

```
%matplotlib inline
```

Esta línea garantiza que los gráficos aparezcan en el propio notebook. Para gráficos interactivos, matplotlib notebook o bibliotecas como Plotly son alternativas más avanzadas.

Exportar gráficos es esencial para informes y presentaciones:

python

```
plt.savefig('grafico.png', dpi=300, bbox_inches='tight')
```

El parámetro dpi define la calidad de la imagen. bbox_inches='tight' elimina espacios en blanco.

Es posible exportar en múltiples formatos:

- PNG para presentaciones

- PDF para impresión

- SVG para gráficos vectoriales

En entornos de automatización, guardar gráficos programáticamente permite construir informes automáticos:

python

```
for categoria in df['categoria'].unique():
    datos = df[df['categoria'] == categoria]
    plt.figure()
    sns.histplot(datos['valor'])
    plt.title(f'Distribución – {categoria}')
    plt.savefig(f'{categoria}.png')
```

Este patrón es útil en dashboards batch, monitoreo y generación de material técnico.

Resolución de Errores Comunes

Error: "ValueError: x and y must have same first dimension"
Causa: Listas o arrays con tamaños diferentes.
Solución: Verificar con len(x) y len(y). Ajustar los datos para que tengan la misma dimensión.

Error: "TypeError: 'AxesSubplot' object is not callable"
Causa: Intento de usar () en objetos de gráfico en lugar de métodos como .plot.
Solución: Reemplazar eixo() por eixo.plot(...).

Error: "AttributeError: module 'matplotlib.pyplot' has no

attribute 'histplot'"
Causa: Uso de función de Seaborn como si fuera de Matplotlib.
Solución: Usar sns.histplot con import seaborn as sns.

Error: "RuntimeError: Failed to process string with tex because latex could not be found"
Causa: Renderizado con LaTeX sin tener LaTeX instalado.
Solución: Desactivar con rcParams['text.usetex'] = False o instalar el paquete requerido.

Buenas Prácticas

- Utilizar títulos claros y ejes con etiquetas descriptivas. La visualización debe ser comprensible sin leyenda adicional.

- Preferir sns.set_style y sns.set_context para definir estilos gráficos al inicio del notebook o script.

- Evitar sobrecarga visual. Gráficos con demasiadas series o puntos confunden en lugar de aclarar.

- En gráficos multivariados, estandarizar escalas antes de comparar variables diferentes.

- Usar tight_layout o ajustar manualmente figsize para evitar cortes de ejes y superposición de elementos.

- Documentar visualizaciones en entornos colaborativos. El razonamiento detrás del gráfico es tan importante como la imagen.

- Al automatizar exportaciones, validar la integridad de

cada imagen comprobando existencia, tamaño y apertura en sistemas externos.

Resumen Estratégico

Las visualizaciones analíticas no son accesorios. Son componentes centrales de la ingeniería de comprensión de datos. Con Matplotlib y Seaborn, el científico de datos posee una caja de herramientas poderosa, capaz de producir gráficos técnicos, comparativos, exploratorios y explicativos con fluidez y control total.

El dominio sobre los elementos visuales – escalas, ejes, colores, anotaciones, subplots y temas – eleva el análisis al nivel de la ingeniería de la percepción. Al integrar visualizaciones con notebooks y sistemas de exportación, los insights se vuelven portables, replicables y útiles para múltiples audiencias. Visualizar es traducir complejidad en claridad. Y quien domina esa traducción, con precisión técnica y estética funcional, transforma datos en impacto.

CAPÍTULO 8. DATA WRANGLING A GRAN ESCALA

A medida que los volúmenes de datos superan la capacidad de la memoria principal, los enfoques tradicionales con Pandas se vuelven insuficientes. Los proyectos de Ciencia de Datos que operan con múltiples gigabytes o terabytes de información exigen herramientas especializadas para procesamiento paralelo, control refinado de recursos de hardware y estrategias avanzadas de persistencia y caché. En este contexto, bibliotecas como Dask y Modin asumen un papel central, viabilizando un *data wrangling* escalable y eficiente, manteniendo la familiaridad de la interfaz Pandas.

Este capítulo presenta los principales enfoques para manipulación de datos a gran escala con foco en rendimiento real. Se discute el modelo distribuido de Dask, la aceleración con Modin sobre Ray o Dask, técnicas de paralelismo nativo, control de consumo de CPU y memoria, uso estratégico de *checkpoints*, caché en disco y la estructuración de *pipelines* optimizados para entornos intensivos.

Procesamiento distribuido con Dask y Modin

Dask es una biblioteca que extiende la interfaz de Pandas para operaciones paralelas, distribuidas y basadas en grafos de tareas. Su diferencial está en la capacidad de operar sobre colecciones mayores que la RAM, particionando los datos y distribuyendo el trabajo entre múltiples núcleos o nodos.

La creación de un DataFrame Dask es directa:

python

```
import dask.dataframe as dd

df = dd.read_csv('grande_arquivo.csv')
```

Aunque tiene sintaxis similar a Pandas, Dask no ejecuta operaciones inmediatamente. Construye un grafo de tareas que será evaluado solo cuando se invoque un comando de cómputo:

python

```
media = df['coluna_numerica'].mean()
resultado = media.compute()
```

La función compute() dispara el procesamiento efectivo, optimizando el plan de ejecución para uso eficiente de recursos.

Por su parte, Modin permite acelerar código Pandas con cambios mínimos. Sustituye el backend por motores paralelos como Ray o Dask, manteniendo compatibilidad casi total con Pandas:

python

```
import modin.pandas as pd

df = pd.read_csv('grande_arquivo.csv')
df['nova_coluna'] = df['coluna'] * 2
```

A diferencia de Dask, Modin busca replicar completamente la

API de Pandas. Esto facilita la adopción en bases heredadas sin necesidad de reescritura. La ganancia en rendimiento ocurre de forma transparente, distribuyendo operaciones entre múltiples núcleos.

Ambos enfoques comparten la idea de *lazy evaluation* y ejecución paralela, pero difieren en su enfoque. Dask es ideal para escenarios distribuidos y *pipelines* explícitos. Modin brilla en sustitución directa con optimizaciones automáticas.

Gestión de recursos de hardware

Al trabajar con datasets extensos, el uso eficiente de memoria, CPU y disco es determinante. Bibliotecas como Dask y Modin ofrecen formas explícitas de controlar estos recursos.

En Dask, el uso de *clusters* locales permite especificar número de *workers* y *threads*:

python

```
from dask.distributed import Client, LocalCluster


cluster = LocalCluster(n_workers=4, threads_per_worker=2,
memory_limit='4GB')
client = Client(cluster)
```

Esto garantiza que el proceso nunca exceda los límites físicos de la máquina. El panel de control de Dask (client.dashboard_link) permite monitoreo en tiempo real, con gráficos de uso de CPU, memoria y duración de tareas.

Operaciones que consumen mucha memoria deben dividirse en etapas menores o aplicarse sobre particiones. Dask permite usar map_partitions para aplicar transformaciones sin expandir el uso total de memoria:

python

```python
def limpar(df):
    df['coluna'] = df['coluna'].str.strip().str.lower()
    return df


df = df.map_partitions(limpar)
```

Modin delega el control de recursos al backend Ray. La gestión se realiza con ray.init:

python

```python
import ray


ray.init(num_cpus=4, memory=8*1024**3)
```

Este control explícito evita sobrecarga en servidores compartidos o notebooks en la nube.

En ambos casos, es fundamental probar configuraciones ideales para cada entorno. El mismo código puede escalar desde una estación local hasta un clúster distribuido solo cambiando el tipo de cliente o motor.

Persistencia, checkpointing y caché

En *pipelines* extensos, recomputar etapas anteriores consume tiempo y recursos. La persistencia de resultados intermedios es una práctica esencial para optimización.

Dask permite persistir objetos en memoria compartida con persist:

python

```
df_persistido = df.persist()
```

Al usar *persist*, Dask ejecuta las tareas del grafo actual y almacena el resultado en memoria, evitando reprocesamiento. Esto es útil tras etapas pesadas como *joins*, filtros o agregaciones.

Para guardar en disco, se usan formatos optimizados como Parquet:

python

```
df.to_parquet('dados_parquet/', engine='pyarrow')
```

Este formato soporta compresión, lectura selectiva de columnas y filtros por partición. Es ideal para *checkpoints* reutilizables entre ejecuciones.

El caché temporal también puede ser controlado manualmente. Al trabajar con funciones personalizadas, conviene guardar partes del pipeline en archivos intermedios, evitando la reejecución de cálculos deterministas:

python

```
if os.path.exists('limpo.parquet'):
    df = dd.read_parquet('limpo.parquet')
else:
    df = preprocessar(df_original)
    df.to_parquet('limpo.parquet')
```

Este enfoque garantiza reproducibilidad y ahorro computacional en entornos de producción.

Paralelismo y optimización de pipelines

La ingeniería de *pipelines* a gran escala requiere comprensión profunda del paralelismo nativo de las bibliotecas. En Dask, cada transformación compone un grafo de tareas. La optimización ocurre mediante fusión, reordenamiento y paralelización de esas tareas.

Transformaciones con map_partitions, repartition, filter y merge deben planificarse para que cada partición sea independiente y balanceada:

python

```
df = df.repartition(npartitions=10)
```

La repartición explícita garantiza que las tareas se distribuyan bien entre los *workers*.

Se debe prestar especial atención a *joins* y *groupbys*. Operaciones que requieren *shuffle* de datos entre particiones son más costosas. Siempre que sea posible, evitar *joins* cruzados o agregaciones sobre claves muy diversas.

Con Modin, el paralelismo ocurre bajo demanda. Aun así, *pipelines* con múltiples transformaciones pueden optimizarse evitando repeticiones y prefiriendo operaciones vectorizadas.

En ambos casos, la paralelización explícita exige pensar diferente: en lugar de transformar todo el DataFrame a la vez, se deben diseñar etapas que operen de forma independiente sobre fragmentos de datos.

Resolución de Errores Comunes

Error: "Killed" durante ejecución de read_csv
Causa: El dataset excedió la memoria disponible en el entorno.

Solución: Usar Dask o Modin con control de memoria y lectura en bloques.

Error: "AttributeError: 'DataFrame' object has no attribute 'compute'"
Causa: Uso de métodos de Dask en un DataFrame de Pandas o Modin.
Solución: Verificar el tipo con type(df). Solo objetos Dask tienen .compute().

Error: "Too many open files"
Causa: Particionamiento excesivo generando apertura simultánea de muchos archivos.
Solución: Reducir número de particiones o usar blocksize al leer archivos.

Error: "Worker exceeded memory limit"
Causa: Operación intermedia superando la memoria asignada al *worker*.
Solución: Reparticionar el DataFrame, usar persistencia intermedia o aumentar memory_limit.

Buenas Prácticas

- Comenzar con Pandas para validar lógica en pequeño volumen y migrar a Dask o Modin al escalar.

- Evitar lambdas anidadas. Preferir funciones con nombre en map_partitions, ya que son más fáciles de testear.

- Configurar *clusters* locales con límites claros de memoria para evitar sobrecarga del sistema.

- Siempre guardar *checkpoints* tras transformaciones pesadas. Esto reduce tiempo de recomputación.

- Documentar cada etapa del pipeline con nombres descriptivos y comentarios técnicos. En entornos distribuidos, la trazabilidad es fundamental.

- Probar pipelines con muestras de datos antes de aplicarlos a la base completa. Esto ayuda a prever tiempos y consumo de recursos.

- Utilizar formatos binarios optimizados como Parquet y Feather. Son más rápidos y ocupan menos espacio que CSV.

- Analizar el grafo de tareas en Dask con df.visualize() para comprender los puntos críticos de ejecución.

Resumen Estratégico

El *data wrangling* a gran escala no es solo cuestión de procesar más datos. Es diseñar flujos de transformación robustos, paralelizables y sostenibles, capaces de operar en entornos de alta presión con rendimiento predecible. El dominio de herramientas como Dask y Modin transforma pipelines que antes colapsaban en flujos optimizados y escalables.

Al estructurar el procesamiento en particiones, controlar recursos con precisión y utilizar persistencia inteligente, el científico de datos asume el rol de ingeniero de datos analíticos, diseñando infraestructuras de preparación que alimentan modelos, dashboards y decisiones en producción. Escalar no es solo multiplicar volumen. Es garantizar rendimiento, control y reproducibilidad en cualquier escenario.

CAPÍTULO 9. FEATURE ENGINEERING AVANZADO

La ingeniería de atributos es la columna vertebral del rendimiento en modelos de Machine Learning. Es en la forma en que los datos son representados, enriquecidos y estructurados que se define el potencial predictivo de un pipeline. Los modelos de alta calidad exigen datos bien modelados, y eso rara vez sucede con variables en bruto. El trabajo técnico de extraer, transformar, seleccionar y evaluar atributos es lo que separa pipelines experimentales de soluciones robustas y productivas.

Este capítulo presenta estrategias avanzadas de *feature engineering*, abarcando creación y extracción de atributos, tratamiento específico para variables categóricas, textuales y temporales, técnicas de reducción de dimensionalidad y métodos para análisis de correlación y relevancia estadística. El objetivo es desarrollar un enfoque sistemático, eficiente y técnicamente sólido para representar datos con precisión e inteligencia.

Extracción y creación de atributos

La extracción de atributos transforma datos en bruto en representaciones analíticas más informativas. Crear variables derivadas es una de las etapas más impactantes para el rendimiento de los modelos.

Las variables continuas pueden segmentarse por rangos:

python

```
import pandas as pd

df = pd.DataFrame({'idade': [23, 45, 67, 38]})
df['faixa_etaria'] = pd.cut(df['idade'], bins=[0, 30, 50, 100],
labels=['jovem', 'adulto', 'idoso'])
```

La combinación de columnas también genera insights relevantes. En datos financieros, es común crear indicadores como la razón entre ingresos y gastos:

python

```
df['comprometimento'] = df['despesas'] / df['renda']
```

Transformaciones logarítmicas, exponenciales o raíz cuadrada se utilizan para normalizar distribuciones sesgadas:

python

```
df['log_renda'] = df['renda'].apply(lambda x: np.log1p(x))
```

Otro recurso valioso es la creación de flags binarias, útiles en modelos lineales:

python

```
df['tem_carteira'] = df['carteira'].notnull().astype(int)
```

La creación de atributos siempre debe alinearse con hipótesis del dominio. El conocimiento técnico y el contexto del negocio orientan qué variables pueden capturar patrones relevantes.

Tratamiento de variables categóricas,

PYTHON EXTREME DATA SCIENCE

textuales y temporales

Las variables categóricas exigen codificación adecuada para uso en modelos. La elección de la técnica depende del algoritmo y la cardinalidad de la variable.

La codificación one-hot es apropiada cuando hay pocas categorías y el modelo no es sensible a la dimensionalidad:

python

```
df = pd.get_dummies(df, columns=['estado_civil'])
```

La codificación ordinal asume una relación jerárquica entre los valores:

python

```
mapa = {'fundamental': 1, 'médio': 2, 'superior': 3}
df['escolaridade'] = df['escolaridade'].map(mapa)
```

Para variables de alta cardinalidad, técnicas como *target encoding* o *frequency encoding* reducen el número de columnas creadas:

python

```
frequencias = df['bairro'].value_counts(normalize=True)
df['bairro_freq'] = df['bairro'].map(frequencias)
```

En textos, el preprocesamiento transforma datos no estructurados en representaciones vectoriales:

python

```
from sklearn.feature_extraction.text import TfidfVectorizer
```

```python
vetor = TfidfVectorizer(max_features=100)
matriz = vetor.fit_transform(df['comentario'])
```

El TfidfVectorizer genera atributos que capturan relevancia sin inflar la dimensionalidad. En proyectos con más recursos, *embeddings* preentrenados o modelos de lenguaje ajustados al dominio reemplazan representaciones dispersas.

En variables temporales, la descomposición en componentes facilita el modelado de patrones estacionales:

python
```python
df['data'] = pd.to_datetime(df['data_compra'])
df['ano'] = df['data'].dt.year
df['mes'] = df['data'].dt.month
df['dia_semana'] = df['data'].dt.dayofweek
```

La creación de variables como días desde el último evento o tiempo desde el registro mejora significativamente la sensibilidad temporal del modelo:

python
```python
df['dias_ultima_compra'] = (df['data_referencia'] -
df['data_compra']).dt.days
```

Reducción de dimensionalidad y selección de features

Conjuntos de datos con cientos o miles de atributos requieren técnicas de selección y reducción de dimensionalidad. Eliminar variables redundantes, ruidosas o irrelevantes mejora la generalización y reduce el costo computacional.

La varianza es una métrica inicial para filtrar variables constantes:

python

```
from sklearn.feature_selection import VarianceThreshold

seletor = VarianceThreshold(threshold=0.01)
X_filtrado = seletor.fit_transform(X)
```

Métodos supervisados como SelectKBest permiten seleccionar atributos con mayor correlación con el *target*:

python

```
from sklearn.feature_selection import SelectKBest, f_classif

seletor = SelectKBest(score_func=f_classif, k=10)
X_selecionado = seletor.fit_transform(X, y)
```

Modelos basados en árboles como RandomForest y XGBoost generan rankings de importancia:

python

```
from sklearn.ensemble import RandomForestClassifier

modelo = RandomForestClassifier()
modelo.fit(X, y)
importancias = modelo.feature_importances_
```

La reducción de dimensionalidad también puede realizarse con técnicas de proyección como PCA:

python

```python
from sklearn.decomposition import PCA


pca = PCA(n_components=5)
X_reduzido = pca.fit_transform(X)
```

La elección entre selección y proyección depende del objetivo. La selección preserva el significado original de las variables. La proyección busca compacidad estadística, útil en visualizaciones y modelos con regularización fuerte.

Análisis de relevancia estadística y correlación

Comprender la relación entre atributos y el *target* es esencial para modelar con precisión. La correlación lineal es el primer paso:

python

```python
correlacoes = df.corr()['target'].sort_values(ascending=False)
```

Valores altos indican relación directa o inversa, pero la correlación no implica causalidad. Las pruebas estadísticas complementan el análisis:

- Para variables continuas, usamos ANOVA o *t-test* para evaluar diferencias de medias.

- Para categóricas, usamos chi-cuadrado o *cramer's V*.

python

```
from sklearn.feature_selection import chi2


chi_scores, _ = chi2(X, y)
```

Otro enfoque es medir la dependencia mutua entre variables:

python

```
from sklearn.feature_selection import mutual_info_classif


info = mutual_info_classif(X, y)
```

Estas métricas capturan relaciones no lineales y ayudan a priorizar atributos incluso cuando la correlación lineal es baja.

También es importante monitorear la multicolinealidad entre *features*. Correlaciones muy altas entre variables independientes perjudican modelos lineales. El VIF (*Variance Inflation Factor*) se usa para diagnosticar este problema:

python

```
from statsmodels.stats.outliers_influence import
variance_inflation_factor


vif = [variance_inflation_factor(X.values, i) for i in
range(X.shape[1])]
```

Valores por encima de 10 indican redundancia crítica.

Resolución de Errores Comunes

Error: "ValueError: could not convert string to float"
Causa: Datos categóricos no tratados insertados en un modelo o transformación numérica.
Solución: Codificar variables categóricas con get_dummies, map o LabelEncoder antes del uso.

Error: "Input contains NaN, infinity or a value too large"
Causa: Presencia de valores ausentes no tratados.
Solución: Usar fillna o SimpleImputer para completar valores antes de alimentar el modelo.

Error: "negative values in data passed to TfidfTransformer"
Causa: Aplicación incorrecta de preprocesamiento de texto.
Solución: Verificar que los datos estén normalizados y tokenizados correctamente antes del TfidfVectorizer.

Error: "n_components must be <= n_features"
Causa: Definición de número de componentes mayor al número de variables disponibles en PCA.
Solución: Ajustar n_components a un valor igual o menor que X.shape[1].

Buenas Prácticas

- Comenzar la creación de atributos con hipótesis simples, basadas en el negocio, y validar su impacto antes de complejizar.

- Evitar *one-hot encoding* indiscriminado en variables de alta cardinalidad. Usar codificaciones alternativas.

- Siempre normalizar o estandarizar atributos continuos antes de aplicar PCA o modelos sensibles a la escala.

- Preferir selectores supervisados cuando el objetivo sea rendimiento predictivo. Usar análisis de varianza solo como apoyo exploratorio.

- Documentar todas las transformaciones aplicadas. En pipelines productivos, la trazabilidad es tan importante como el rendimiento.

- Utilizar *pipelines* de Scikit-learn para encapsular transformaciones. Esto garantiza reproducibilidad y compatibilidad con *grid search*.

- Al trabajar con texto o tiempo, tratar el preprocesamiento como etapa crítica del pipeline, y no como operación paralela.

- Probar diferentes enfoques de selección de atributos y validar con *cross-validation*. No confiar solo en una métrica o técnica.

Resumen Estratégico

El *feature engineering* avanzado es un proceso técnico y creativo. Su fuerza está en la capacidad de traducir estructuras en bruto en representaciones analíticas que maximizan el aprendizaje de los modelos. Al dominar técnicas de extracción, codificación, transformación y selección de atributos, el científico de datos amplía radicalmente la capacidad predictiva de sus algoritmos.

Más que técnica, la ingeniería de atributos es arquitectura. Exige visión sistémica, dominio estadístico y sensibilidad contextual. La representación correcta de los datos no solo mejora métricas. Cambia el juego. Porque quien controla las *features*, controla el modelo. Y quien controla el modelo, lidera la entrega de valor.

CAPÍTULO 10. FUNDAMENTOS DE ESTADÍSTICA APLICADA

La estadística es el núcleo técnico que sostiene toda la estructura analítica de la Ciencia de Datos. Al comprender distribuciones, medias, varianzas, intervalos de confianza, correlaciones y pruebas de hipótesis, el profesional adquiere dominio no solo sobre los números, sino sobre los patrones e incertidumbres que estos cargan. La estadística aplicada no se limita a cálculos: proporciona las bases para inferencia, validación y control de calidad en cualquier pipeline de análisis. Dominar estos fundamentos es requisito para diseñar soluciones confiables, interpretar resultados con rigor y construir modelos que representen realmente el comportamiento del mundo real.

Este capítulo presenta los fundamentos estadísticos estructurados para su aplicación directa en entornos de datos. Aborda distribuciones, medidas de tendencia central y dispersión, análisis inferencial con pruebas e intervalos, interpretación de correlaciones, regresiones simples y técnicas robustas para evaluación de la calidad de los datos. El enfoque es desarrollar precisión técnica con claridad operativa, siempre orientado a aplicaciones prácticas y decisiones estructuradas.

Distribuciones, medias y varianzas

El primer paso del análisis estadístico es entender cómo se distribuyen los datos. La distribución de una variable revela patrones, desviaciones y características esenciales del fenómeno estudiado. Identificar si la distribución es simétrica, asimétrica, concentrada o dispersa afecta directamente la elección de modelos, transformaciones y técnicas de validación.

La distribución normal es un punto de referencia clásico:

python

```python
import numpy as np
import seaborn as sns
import matplotlib.pyplot as plt


dados = np.random.normal(loc=50, scale=10, size=1000)
sns.histplot(dados, kde=True)
plt.title('Distribución Normal Simulada')
plt.show()
```

La visualización de la curva con kde=True permite verificar la simetría de la distribución. Si los datos son asimétricos, transformaciones logarítmicas o raíz cuadrada ayudan a aproximar la normalidad, condición exigida por muchas pruebas inferenciales.

La media aritmética representa el centro de los datos:

python

```python
np.mean(dados)
```

Pero es sensible a outliers. En datos con valores extremos, la mediana es más robusta:

python

```
np.median(dados)
```

La varianza mide la dispersión de los datos en relación con la media. Cuanto mayor la varianza, más dispersos están los datos:

python

```
np.var(dados)
```

Para un análisis descriptivo completo, usamos describe de Pandas:

python

```
import pandas as pd


serie = pd.Series(dados)
serie.describe()
```

Este resumen estadístico orienta la construcción de reglas de negocio, detección de anomalías y parametrización de modelos.

Intervalos de confianza y pruebas de hipótesis

La estadística descriptiva resume lo que muestran los datos. La estadística inferencial permite proyectar estos hallazgos más allá de la muestra, con control sobre el grado de incertidumbre.

El intervalo de confianza define un límite superior e inferior en el que probablemente se encuentra la media poblacional, dado el comportamiento de la muestra:

python

```
import scipy.stats as stats

media = np.mean(dados)
desvio = np.std(dados, ddof=1)
n = len(dados)
intervalo = stats.t.interval(confidence=0.95, df=n-1,
loc=media, scale=desvio/np.sqrt(n))
```

El intervalo generado muestra el rango esperado para la media poblacional con 95% de confianza.

En las pruebas de hipótesis, partimos de una suposición (hipótesis nula) y usamos los datos para decidir si debe ser rechazada. El valor p (*p-value*) es el criterio para esa decisión.

La prueba t se usa para comparar la media de una muestra con un valor de referencia:

python

```
stats.ttest_1samp(dados, popmean=52)
```

Si el *p-value* es menor que 0.05, se rechaza la hipótesis de que la media sea igual a 52.

Para comparar dos muestras:

python

```
grupo1 = np.random.normal(50, 5, 100)
grupo2 = np.random.normal(52, 5, 100)
```

```
stats.ttest_ind(grupo1, grupo2)
```

En datos categóricos, usamos la prueba chi-cuadrado:

python

```
from scipy.stats import chi2_contingency

tabela = pd.crosstab(df['genero'], df['compra'])
chi2_contingency(tabela)
```

Las pruebas inferenciales orientan decisiones basadas en datos, sustentadas por evidencia estadística, y no solo por observaciones puntuales.

Análisis de correlación y regresiones básicas

La correlación mide la fuerza y dirección de la relación entre dos variables. La correlación de Pearson es la más común para variables continuas:

python

```
from scipy.stats import pearsonr

pearsonr(df['idade'], df['renda'])
```

El resultado incluye el coeficiente de correlación (entre -1 y 1) y el *p-value*. Valores próximos a 1 o -1 indican correlación fuerte; *p-values* bajos indican significancia estadística.

Para variables que no siguen distribución normal, usamos la correlación de Spearman:

python

```
from scipy.stats import spearmanr


spearmanr(df['idade'], df['renda'])
```

La regresión lineal simple modela la relación entre una variable independiente y una dependiente:

python

```
from sklearn.linear_model import LinearRegression


X = df[['idade']]
y = df['renda']
modelo = LinearRegression().fit(X, y)


modelo.coef_, modelo.intercept_
```

El coeficiente indica cuánto varía la renta por cada unidad adicional de edad. La regresión permite prever valores e interpretar patrones de forma continua.

Para evaluar la calidad del modelo, usamos el R^2:

python

```
modelo.score(X, y)
```

Este valor representa la proporción de la varianza de la variable dependiente explicada por la variable independiente. Las regresiones simples son el punto de partida para modelos más complejos, pero ya aportan insights de gran valor en análisis exploratorios.

Estadística robusta para control de calidad

No todos los datos siguen patrones limpios y simétricos. En muchos contextos, es necesario usar medidas resistentes a outliers, valores ausentes y comportamientos no lineales.

La mediana y los cuartiles son más robustos que la media y la varianza:

python

```python
q1 = serie.quantile(0.25)
q3 = serie.quantile(0.75)
iqr = q3 - q1
```

El IQR (intervalo intercuartílico) se usa para detectar outliers con base en la regla de 1.5*IQR:

python

```python
limite_inferior = q1 - 1.5 * iqr
limite_superior = q3 + 1.5 * iqr
outliers = serie[(serie < limite_inferior) | (serie > limite_superior)]
```

Otro recurso robusto es la media recortada (*trimmed mean*), que remueve una fracción de los valores extremos antes del cálculo:

python

```
from scipy.stats import trim_mean

trim_mean(dados, proportiontocut=0.1)
```

Estos enfoques son especialmente útiles en control de calidad industrial, análisis de fraudes o monitoreo de métricas sensibles a desviaciones extremas.

Resolución de Errores Comunes

Error: "ValueError: operands could not be broadcast together"
Causa: Arrays de tamaños incompatibles al aplicar operaciones matemáticas.
Solución: Verificar los *shapes* de los arrays con .shape y ajustar con .reshape() si es necesario.

Error: "nan in statistics result"
Causa: Presencia de valores ausentes no tratados en las variables.
Solución: Usar dropna() o fillna() antes de cálculos estadísticos.

Error: "Singular matrix" en regresión
Causa: Colinealidad perfecta entre variables independientes.
Solución: Verificar correlación entre *features* y eliminar variables redundantes.

Error: "Ttest_ind requires at least two observations in each group"
Causa: Grupos vacíos o con pocos datos.
Solución: Validar el tamaño de las muestras antes de aplicar pruebas inferenciales.

Buenas Prácticas

- Utilizar visualizaciones como histogramas y boxplots antes de aplicar pruebas estadísticas. La forma de los datos afecta la elección de la técnica.

- Preferir pruebas no paramétricas cuando la distribución no sea normal o el tamaño de la muestra sea pequeño.

- Documentar claramente hipótesis nulas, alternativas y niveles de significancia antes de realizar cualquier prueba.

- Al comparar grupos, asegurar que sean mutuamente exclusivos e independientes.

- Verificar supuestos de las pruebas antes de confiar en los resultados. Esto incluye normalidad, homocedasticidad e independencia.

- Usar statsmodels para reportes estadísticos más completos con *p-values*, coeficientes e intervalos.

- Interpretar los *p-values* con cuidado. Indican significancia, pero no magnitud del efecto.

Resumen Estratégico

La estadística aplicada es el corazón técnico del análisis de datos. Es la que transforma observaciones en conocimiento, muestras en inferencias y números en decisiones. Comprender distribuciones, medir tendencias, probar hipótesis y evaluar relaciones entre variables son habilidades fundamentales para cualquier profesional que trabaje con datos en entornos técnicos o estratégicos.

Al aplicar estos conceptos con claridad, rigor y precisión, el científico de datos construye soluciones confiables, interpreta resultados con seguridad y evita trampas de interpretación comunes. La estadística no es un accesorio metodológico. Es el cimiento de la ciencia de datos responsable. Dominar su aplicación práctica es requisito para entregar valor con credibilidad, precisión e impacto medible.

CAPÍTULO 11. MODELOS DE REGRESIÓN Y REGULARIZACIÓN

Los modelos de regresión son la base de la predicción en datos continuos. Desde la regresión lineal simple a la múltiple, y desde la regresión penalizada con Ridge y Lasso hasta el ajuste fino con Elastic Net, esta familia de algoritmos ofrece precisión, transparencia y flexibilidad en la modelización de relaciones cuantitativas. Más que predecir valores, la regresión es una forma de entender la influencia de variables, cuantificar impactos y construir representaciones matemáticas que sustentan decisiones técnicas y estratégicas.

Este capítulo explora la aplicación práctica de la regresión lineal múltiple, la importancia de la regularización para controlar el sobreajuste, los criterios para elección y ajuste de hiperparámetros, el análisis de residuos para validación estructural del modelo y el uso de validación cruzada para evaluación robusta del rendimiento. El enfoque es construir una base sólida de ingeniería predictiva con modelos interpretables y técnicamente confiables.

Regresión lineal múltiple

La regresión lineal múltiple modela la relación entre una variable respuesta continua y dos o más variables explicativas. Su objetivo es encontrar los coeficientes que minimicen la diferencia entre los valores observados y los valores predichos.

python

```python
import pandas as pd
from sklearn.linear_model import LinearRegression

df = pd.read_csv('dados.csv')
X = df[['idade', 'experiencia', 'educacao']]
y = df['salario']

modelo = LinearRegression()
modelo.fit(X, y)
```

Los coeficientes obtenidos indican la variación esperada en la variable dependiente por cada unidad adicional en las variables independientes, manteniendo las demás constantes.

python

```python
coeficientes = pd.Series(modelo.coef_, index=X.columns)
intercepto = modelo.intercept_
```

La predicción se realiza directamente con predict:

python

```python
y_pred = modelo.predict(X)
```

La calidad de la regresión se mide con el R^2, que representa la proporción de la varianza de la variable respuesta explicada por las variables predictoras:

python

```python
modelo.score(X, y)
```

Los modelos lineales múltiples exigen atención a la multicolinealidad, normalidad de los residuos y distribución homogénea de los errores. La simplicidad de la fórmula no elimina la complejidad de la validación estructural.

Ridge, Lasso, Elastic Net y aplicaciones prácticas

La regresión penalizada añade términos de regularización a la función de costo para evitar sobreajuste y mejorar la generalización.

El modelo Ridge añade penalización L2, que reduce los coeficientes sin llevarlos a cero:

python

```
from sklearn.linear_model import Ridge


ridge = Ridge(alpha=1.0)
ridge.fit(X, y)
```

El modelo Lasso utiliza penalización L1, que puede llevar coeficientes a cero y así realizar selección de variables:

python

```
from sklearn.linear_model import Lasso


lasso = Lasso(alpha=0.1)
lasso.fit(X, y)
```

Elastic Net combina penalizaciones L1 y L2, permitiendo

equilibrio entre reducción y selección:

python

```
from sklearn.linear_model import ElasticNet


elastic = ElasticNet(alpha=0.1, l1_ratio=0.5)
elastic.fit(X, y)
```

La elección del modelo penalizado depende de la estructura de los datos:

- Usar Ridge cuando hay muchas variables correlacionadas.

- Preferir Lasso cuando se desea un modelo más simple e interpretable.

- Utilizar Elastic Net en contextos intermedios, especialmente cuando el número de variables es mayor que el número de observaciones.

La regularización requiere que los datos estén normalizados:

python

```
from sklearn.preprocessing import StandardScaler


scaler = StandardScaler()
X_norm = scaler.fit_transform(X)
```

Sin normalización, variables en diferentes escalas dominan la penalización, distorsionando el modelo.

Análisis de residuos y ajuste de hiperparámetros

Los residuos representan la diferencia entre los valores reales y los predichos. Analizar sus patrones es esencial para validar la calidad estructural del modelo.

python

```python
residuos = y - y_pred
```

La distribución de los residuos debe ser aproximadamente normal, con media cercana a cero. Desviaciones sistemáticas indican que el modelo no está capturando correctamente la estructura de los datos.

python

```python
import seaborn as sns
import matplotlib.pyplot as plt


sns.histplot(residuos, kde=True)
plt.title('Distribución de los Residuos')
plt.show()
```

Un gráfico de residuos vs. valores predichos ayuda a identificar heterocedasticidad (varianza no constante) y patrones no lineales:

python

```python
plt.scatter(y_pred, residuos)
plt.axhline(0, color='red', linestyle='--')
plt.xlabel('Valores Predichos')
```

```
plt.ylabel('Residuos')
plt.title('Residuos vs Predicciones')
plt.show()
```

El ajuste de hiperparámetros, como el alpha, controla la intensidad de la regularización. Elegir un valor adecuado requiere validación sistemática:

python

```
from sklearn.model_selection import GridSearchCV


param_grid = {'alpha': [0.01, 0.1, 1.0, 10.0]}
grid = GridSearchCV(Ridge(), param_grid, cv=5)
grid.fit(X_norm, y)
```

El GridSearchCV evalúa múltiples valores en validación cruzada, garantizando una elección optimizada y robusta.

Interpretación y validación cruzada

Los modelos lineales son altamente interpretables. Cada coeficiente tiene un significado claro: el impacto de la variable independiente sobre la respuesta. Pero esta interpretación solo es válida si se respetan los supuestos.

Para garantizar que los resultados sean consistentes en distintos subconjuntos de datos, aplicamos validación cruzada:

python

```
from sklearn.model_selection import cross_val_score
```

```
scores = cross_val_score(modelo, X, y, cv=10, scoring='r2')
```

El promedio de los scores indica el rendimiento esperado en datos no vistos. La dispersión entre pliegues revela estabilidad o inestabilidad del modelo.

Además del R^2, otras métricas de evaluación incluyen error medio absoluto (MAE), error cuadrático medio (MSE) y raíz del error cuadrático medio (RMSE):

python

```
from sklearn.metrics import mean_absolute_error,
mean_squared_error

mae = mean_absolute_error(y, y_pred)
rmse = mean_squared_error(y, y_pred, squared=False)
```

Estas métricas ayudan a calibrar la sensibilidad y la precisión de las predicciones en unidades reales.

Para mantener la interpretación clara en modelos con muchos atributos, se recomienda limitar el número de variables o aplicar Lasso con penalización adecuada.

Resolución de Errores Comunes

Error: "ValueError: Input contains NaN, infinity or a value too large"
Causa: Presencia de valores ausentes o infinitos en los datos.
Solución: Usar fillna() o dropna() antes del entrenamiento.

Error: "Singular matrix" en regresión
Causa: Multicolinealidad entre variables predictoras.
Solución: Verificar con df.corr(), eliminar columnas altamente correlacionadas o utilizar Ridge.

Error: "ConvergenceWarning: Objective did not converge"
Causa: Penalización muy baja o datos no escalados.
Solución: Escalar los datos con StandardScaler y ajustar el parámetro alpha.

Error: "NotFittedError"
Causa: Uso de .predict() antes de fit().
Solución: Verificar que el modelo fue entrenado correctamente antes de predecir.

Buenas Prácticas

- Normalizar todos los datos antes de aplicar regularización. Garantiza equilibrio entre penalizaciones.

- Usar regresión lineal simple solo como referencia. Modelos múltiples revelan interacciones reales.

- Analizar los residuos antes de confiar en el R^2. Un R^2 alto con residuos sesgados indica mala especificación.

- Ajustar el alpha mediante validación cruzada. Valores fijos rara vez son ideales.

- Interpretar los coeficientes con cuidado. Dependen de la escala de las variables y de la multicolinealidad.

- Documentar claramente los atributos utilizados. La transparencia es parte de la robustez del modelo.

- Al usar Lasso para selección de variables, verificar si la reducción fue estadísticamente consistente.

- Combinar métricas de rendimiento para una evaluación más confiable. MAE, RMSE y R^2 se complementan.

Resumen Estratégico

Los modelos de regresión son herramientas técnicas de alta aplicabilidad y valor analítico. Su transparencia, robustez y capacidad predictiva los convierten en pilares en pipelines de modelado supervisado. La regresión lineal múltiple proporciona una estructura base. La regularización con Ridge, Lasso y Elastic Net resuelve limitaciones prácticas como sobreajuste, colinealidad y exceso de variables. El análisis de residuos asegura validez estructural. La validación cruzada garantiza estabilidad en entornos de producción.

Dominar la ingeniería de regresión significa transformar variables en estimaciones confiables, identificar relaciones causales, cuantificar impactos y crear modelos interpretables que sustentan decisiones técnicas con fundamento estadístico. La regresión no es solo predecir. Es entender, ajustar y entregar con confianza.

CAPÍTULO 12. CLASIFICACIÓN SUPERVISADA

La clasificación supervisada es uno de los pilares del modelado predictivo en Ciencia de Datos. Su objetivo es asignar etiquetas a observaciones en función de variables explicativas, aprendiendo patrones a partir de ejemplos etiquetados. Desde algoritmos simples como K-Nearest Neighbors hasta modelos probabilísticos como Naive Bayes, pasando por la robustez interpretativa de la Regresión Logística, el objetivo es claro: separar categorías con precisión, incluso en escenarios complejos y con datos imperfectos.

Este capítulo presenta un enfoque práctico y técnicamente fundamentado para aplicar algoritmos de clasificación supervisada. Se explorarán tres modelos clásicos, sus formas de evaluación con métricas apropiadas, el impacto del desbalanceo de clases y estrategias de validación estratificada, además de la preparación rigurosa de los datos para garantizar rendimiento y confiabilidad.

K-Nearest Neighbors, Logistic Regression y Naive Bayes

El algoritmo K-Nearest Neighbors (KNN) clasifica una nueva observación con base en la mayoría de las etiquetas de sus vecinos más cercanos. Es un método basado en instancias, fácil de entender y eficaz en problemas con separación clara.

python

```
from sklearn.neighbors import KNeighborsClassifier
```

```python
modelo_knn = KNeighborsClassifier(n_neighbors=5)
modelo_knn.fit(X_train, y_train)
y_pred = modelo_knn.predict(X_test)
```

La elección de k es crítica: valores muy bajos generan alta varianza, mientras que valores muy altos suavizan en exceso las fronteras. KNN también exige normalización de los datos, pues la distancia euclidiana es sensible a la escala:

python

```python
from sklearn.preprocessing import StandardScaler
```

```python
scaler = StandardScaler()
X_train = scaler.fit_transform(X_train)
X_test = scaler.transform(X_test)
```

La Regresión Logística modela la probabilidad de pertenencia a una clase. A pesar del nombre, se utiliza para clasificación binaria o multiclase y ofrece buenos resultados con alta interpretabilidad.

python

```python
from sklearn.linear_model import LogisticRegression
```

```python
modelo_log = LogisticRegression()
modelo_log.fit(X_train, y_train)
y_pred = modelo_log.predict(X_test)
```

La regresión logística asume que las variables son linealmente separables en el espacio de atributos. La salida predict_proba permite evaluar la probabilidad de cada clase:

python

```
probs = modelo_log.predict_proba(X_test)
```

El modelo Naive Bayes se basa en el Teorema de Bayes con la suposición de independencia entre atributos. Aunque es una suposición fuerte, es sorprendentemente eficaz, especialmente en textos y datos categóricos.

python

```
from sklearn.naive_bayes import GaussianNB

modelo_nb = GaussianNB()
modelo_nb.fit(X_train, y_train)
y_pred = modelo_nb.predict(X_test)
```

Para datos con variables discretas, utilizamos MultinomialNB o CategoricalNB. El modelo es extremadamente rápido, requiere pocos recursos y funciona bien incluso con pocos datos.

Precisión, recall, F1 y métricas avanzadas

Evaluar correctamente el rendimiento de un clasificador requiere más que observar la precisión (*accuracy*). Métricas adicionales ayudan a interpretar modelos en contextos con clases desbalanceadas, costos diferentes de error y múltiples categorías.

python

```
from sklearn.metrics import accuracy_score, precision_score, recall_score, f1_score

acuracia = accuracy_score(y_test, y_pred)
precisao = precision_score(y_test, y_pred, average='binary')
recall = recall_score(y_test, y_pred, average='binary')
f1 = f1_score(y_test, y_pred, average='binary')
```

- Accuracy mide el porcentaje de clasificaciones correctas.

- Precision indica la proporción de positivos predichos que realmente lo son.

- Recall muestra la proporción de positivos reales correctamente identificados.

- F1 Score es la media armónica entre precisión y recall, útil en escenarios desbalanceados.

Para problemas multiclase:

python

```
precision_score(y_test, y_pred, average='macro')
```

La matriz de confusión detalla los aciertos y errores por clase:

python

```
from sklearn.metrics import confusion_matrix
```

```
matriz = confusion_matrix(y_test, y_pred)
```

Y la visualización del classification_report resume todas las métricas por clase:

python

```
from sklearn.metrics import classification_report

print(classification_report(y_test, y_pred))
```

Estas métricas son fundamentales para auditoría del modelo y comunicación técnica con stakeholders.

Balanceo de clases y validación estratificada

Cuando una clase domina la distribución del *target*, los modelos tienden a favorecer esa clase, resultando en alta precisión aparente pero baja sensibilidad para las clases minoritarias. Esto es común en fraudes, churn, enfermedades raras y otros contextos críticos.

Para balancear los datos, utilizamos *undersampling* o *oversampling*. Una estrategia eficaz es SMOTE (Synthetic Minority Over-sampling Technique):

python

```
from imblearn.over_sampling import SMOTE

smote = SMOTE()
X_res, y_res = smote.fit_resample(X_train, y_train)
```

También es posible aplicar penalización en las clases vía pesos:

python

```
modelo_log = LogisticRegression(class_weight='balanced')
```

En clasificadores como SVM y DecisionTree, el parámetro class_weight también está disponible y debe ajustarse según el desbalance.

En la validación cruzada, usamos StratifiedKFold para garantizar que todos los pliegues mantengan la proporción de las clases:

python

```
from sklearn.model_selection import StratifiedKFold,
cross_val_score

skf = StratifiedKFold(n_splits=5)
scores = cross_val_score(modelo_log, X, y, cv=skf,
scoring='f1_macro')
```

Este enfoque evita que un pliegue contenga solo una clase, lo que invalidaría métricas y aprendizaje.

Preparación de datos para clasificación

Los datos para clasificación deben tratarse con cuidado técnico, respetando la naturaleza de cada variable. Entre los principales preprocesamientos están:

- Normalización de variables continuas con StandardScaler o MinMaxScaler.

- Codificación de variables categóricas con OneHotEncoder o LabelEncoder.

- Tratamiento de valores ausentes con SimpleImputer.

python

```python
from sklearn.impute import SimpleImputer

imputer = SimpleImputer(strategy='most_frequent')
X = imputer.fit_transform(X)
```

Es recomendable encapsular el flujo en un Pipeline para garantizar consistencia y reproducibilidad:

python

```python
from sklearn.pipeline import Pipeline

pipeline = Pipeline([
    ('imputacao', SimpleImputer(strategy='mean')),
    ('escalonamento', StandardScaler()),
    ('modelo', LogisticRegression())
])
```

El pipeline unifica el preprocesamiento y el modelo,

permitiendo aplicar transformaciones junto con validación cruzada y *grid search* de hiperparámetros.

En datos textuales, es común utilizar TfidfVectorizer o CountVectorizer, seguido de un clasificador como Naive Bayes:

python

```
from sklearn.feature_extraction.text import TfidfVectorizer
from sklearn.naive_bayes import MultinomialNB


vetor = TfidfVectorizer()
X_texto = vetor.fit_transform(df['comentarios'])
modelo = MultinomialNB()
modelo.fit(X_texto, df['classe'])
```

La preparación correcta de los datos es determinante para el éxito del modelo, impactando directamente en la calidad del aprendizaje y en la capacidad de generalización.

Resolución de Errores Comunes

Error: "ValueError: Input contains NaN"
Causa: Datos con valores ausentes no tratados.
Solución: Utilizar SimpleImputer para completar los datos antes de aplicar modelos.

Error: "ValueError: could not convert string to float"
Causa: Variables categóricas no codificadas.
Solución: Aplicar LabelEncoder o OneHotEncoder en las columnas categóricas.

Error: "Classification metrics can't handle a mix of binary and continuous targets"
Causa: Uso de predict_proba en lugar de predict al calcular métricas.
Solución: Usar predict para obtener clases discretas.

Error: "Only one class present in y_true. ROC AUC score is not defined"
Causa: Validación hecha sobre subconjunto con solo una clase.
Solución: Usar validación estratificada para preservar la distribución del *target*.

Buenas Prácticas

- Usar pipelines para consolidar todas las etapas de clasificación. Facilita pruebas, mantenimiento y reutilización.

- Siempre escalar los datos para modelos basados en distancia, como KNN y SVM.

- Verificar la distribución de clases antes de entrenar. El desbalance afecta directamente el rendimiento.

- Evaluar con múltiples métricas. La precisión sola puede ocultar problemas graves.

- Priorizar validación estratificada en contextos críticos o desbalanceados.

- Mantener separación entre datos de entrenamiento y

prueba. La contaminación reduce la confiabilidad de las métricas.

- Interpretar los resultados con base en el dominio. Un F1 score de 0.7 puede ser excelente en ciertos casos y inaceptable en otros.

Resumen Estratégico

La clasificación supervisada es la herramienta decisiva para decisiones binarias o multiclase basadas en datos históricos. Permite automatizar diagnósticos, predecir cancelaciones, detectar fraudes, personalizar ofertas y mucho más. Pero su poder no reside solo en el algoritmo. Está en la ingeniería rigurosa del proceso: selección adecuada del modelo, preparación cuidadosa de los datos, validación estructurada e interpretación técnica de las métricas.

Modelar clases es organizar el mundo por categorías. Y eso exige responsabilidad analítica. Se requiere más que precisión. Es necesario garantizar representatividad, interpretar incertidumbres y medir desempeño con conciencia. Clasificar es más que predecir. Es decidir, con fundamento, dónde pertenece cada cosa. Y hacerlo con precisión, robustez y propósito.

CAPÍTULO 13. ÁRBOLES DE DECISIÓN Y BOSQUES ALEATORIOS

Los modelos basados en árboles representan uno de los pilares más versátiles y poderosos del aprendizaje supervisado. Su estructura jerárquica refleja de forma intuitiva las reglas de decisión que separan observaciones con base en atributos, ofreciendo tanto interpretabilidad como precisión. Los árboles de decisión son capaces de manejar datos mixtos, capturar interacciones no lineales y operar con alta robustez en múltiples contextos. Cuando se organizan en conjunto, como en los Bosques Aleatorios, ganan fuerza predictiva y estabilidad estadística, convirtiéndose en herramientas esenciales para proyectos de clasificación y regresión de alta complejidad.

Este capítulo presenta la construcción técnica de árboles de decisión, los criterios de división utilizados, estrategias de poda (*pruning*), los fundamentos de los Bosques Aleatorios en contextos con múltiples variables, métodos de evaluación de la importancia de los atributos, análisis de sobreajuste y la integración de estos modelos con *frameworks* y *pipelines* de producción.

Construcción de árboles, criterios de división y pruning

Los árboles de decisión construyen modelos predictivos dividiendo recursivamente el espacio de los datos con base en condiciones lógicas sobre los atributos. Cada división (*split*) busca aumentar la pureza de las clases en las ramas.

La construcción de un árbol para clasificación puede hacerse con DecisionTreeClassifier:

python

```
from sklearn.tree import DecisionTreeClassifier

modelo = DecisionTreeClassifier()
modelo.fit(X_train, y_train)
y_pred = modelo.predict(X_test)
```

La lógica de división está guiada por criterios como Gini y Entropía:

- Gini mide la impureza, favoreciendo divisiones que crean nodos más homogéneos.

- Entropía considera el grado de desorden, siendo más sensible a pequeñas variaciones.

python

```
modelo = DecisionTreeClassifier(criterion='entropy')
```

En regresión, el criterio utilizado es el error cuadrático medio:

python

```
from sklearn.tree import DecisionTreeRegressor

modelo_reg = DecisionTreeRegressor()
modelo_reg.fit(X_train, y_train)
```

La profundidad del árbol (max_depth), el número mínimo de muestras para división (min_samples_split) y para hojas (min_samples_leaf) controlan la complejidad de la estructura. Sin restricciones, el árbol tiende al sobreajuste.

python

```
modelo = DecisionTreeClassifier(max_depth=5,
min_samples_split=10, min_samples_leaf=4)
```

La técnica de poda (*pruning*) elimina partes del árbol que no contribuyen significativamente al rendimiento. El ccp_alpha implementa la poda por costo-complejidad:

python

```
modelo = DecisionTreeClassifier(ccp_alpha=0.01)
```

La selección ideal de ccp_alpha puede realizarse con validación cruzada, ajustando el equilibrio entre sesgo y varianza.

Random Forest en escenarios de alta dimensionalidad

El Bosque Aleatorio es un *ensemble* de árboles entrenados con subconjuntos aleatorios de los datos y de los atributos. Al combinar predicciones de múltiples árboles, reduce la varianza sin aumentar el sesgo, ofreciendo una ganancia sustancial de rendimiento y robustez.

python

```
from sklearn.ensemble import RandomForestClassifier

modelo_rf = RandomForestClassifier(n_estimators=100)
```

```
modelo_rf.fit(X_train, y_train)
```

El parámetro n_estimators define el número de árboles. La diversidad entre árboles se induce mediante la selección aleatoria de muestras (*bootstrap*) y el uso de subconjuntos de atributos en cada división (max_features).

En escenarios con alta dimensionalidad, Random Forest se destaca por:

- Mantener el rendimiento incluso con atributos irrelevantes.

- Reducir el riesgo de *overfitting* mediante el promedio de predicciones.

- Identificar automáticamente las variables más relevantes.

La predicción se realiza con voto mayoritario (para clasificación) o con el promedio de predicciones (para regresión):

python

```
y_pred = modelo_rf.predict(X_test)
```

La técnica también maneja bien datos faltantes y variables categóricas ya codificadas. Sin embargo, no soporta directamente variables tipo string.

Importancia de variables y análisis de overfitting

Una de las principales ventajas de los árboles es la transparencia en la evaluación de la importancia de los atributos. Tras el entrenamiento, el modelo proporciona los pesos de importancia de cada *feature*:

python

```
import pandas as pd


importancias = modelo_rf.feature_importances_
pd.Series(importancias,
index=X.columns).sort_values(ascending=False)
```

La importancia se calcula con base en la reducción del criterio de impureza provocada por cada variable a lo largo de las divisiones. Las variables con mayor poder de separación reciben mayor peso.

Visualizar la importancia de las variables ayuda a identificar atributos redundantes, orientar estrategias de selección de *features* y facilitar la interpretación del modelo por parte de stakeholders.

Para verificar señales de *overfitting*, comparamos la precisión en los datos de entrenamiento y prueba:

python

```
train_acc = modelo_rf.score(X_train, y_train)
test_acc = modelo_rf.score(X_test, y_test)
```

Una diferencia significativa entre estas métricas indica sobreajuste. Estrategias de mitigación incluyen:

- Reducción de max_depth

- Aumento de min_samples_leaf

- Reducción de n_estimators cuando el modelo esté muy lento

- Validación cruzada para ajustar hiperparámetros con mayor precisión

Además, al inspeccionar árboles individuales, es posible visualizar patrones inconsistentes o divisiones excesivamente específicas.

Integración con frameworks y pipelines

Los modelos de árboles se integran fácilmente con el Pipeline de Scikit-learn, permitiendo aplicar transformaciones y modelado de forma estandarizada:

python

```
from sklearn.pipeline import Pipeline
from sklearn.preprocessing import StandardScaler


pipeline = Pipeline([
    ('scaler', StandardScaler()),
    ('modelo', RandomForestClassifier())
])
pipeline.fit(X_train, y_train)
```

Aunque Random Forests no requieren normalización, el pipeline facilita sustituir el modelo por otros algoritmos con requisitos distintos.

En la etapa de validación, el uso de GridSearchCV

o RandomizedSearchCV **permite buscar los mejores hiperparámetros:**

python

from sklearn.model_selection import GridSearchCV

```python
param_grid = {
    'modelo__n_estimators': [100, 200],
    'modelo__max_depth': [None, 10, 20],
    'modelo__min_samples_leaf': [1, 3, 5]
}

grid = GridSearchCV(pipeline, param_grid, cv=5)
grid.fit(X_train, y_train)
```

Esta integración automatiza y profesionaliza la experimentación. En entornos productivos, los pipelines pueden versionarse, exportarse con joblib e integrarse a APIs o *frameworks* de despliegue.

Resolución de Errores Comunes

Error: "ValueError: could not convert string to float"
Causa probable: Columnas categóricas no codificadas numéricamente.
Solución: Usar LabelEncoder **o** OneHotEncoder **para tratar estas variables.**

Error: "n_features mismatch"
Causa probable: Entrenamiento y prueba con columnas diferentes.
Solución: Verificar consistencia de los datasets con X.columns.

Error: "Input X contains NaN"
Causa probable: Presencia de valores ausentes no tratados.
Solución: Usar SimpleImputer para imputar datos antes del entrenamiento.

Error: "Cannot interpret max_features"
Causa probable: Valor incorrecto o mal formateado en el parámetro.
Solución: Usar 'auto', 'sqrt', 'log2' o un número entero.

Buenas Prácticas

- Limitar la profundidad de los árboles para evitar *overfitting*, especialmente en conjuntos pequeños.

- Evaluar siempre el modelo con validación cruzada. Los árboles se adaptan muy bien al entrenamiento y deben testearse con rigor.

- Utilizar la importancia de los atributos para refinar el conjunto de variables.

- En proyectos críticos, aplicar permutation_importance para una evaluación más robusta de la relevancia de las *features*.

- Usar pipelines y objetos parametrizables para garantizar reproducibilidad y escalabilidad.

- Para interpretabilidad, visualizar árboles con plot_tree o export_text cuando el modelo sea superficial.

- En Random Forest, monitorear el tiempo de ejecución al aumentar n_estimators. El incremento marginal de precisión puede no justificar el costo computacional.

- Documentar cada versión de los hiperparámetros utilizados para mantener trazabilidad analítica.

Resumen Estratégico

Los árboles de decisión y los Bosques Aleatorios combinan poder técnico, versatilidad operativa y un excelente equilibrio entre rendimiento e interpretabilidad. Funcionan bien en múltiples contextos, manejan datos complejos, capturan interacciones automáticamente y ofrecen medios estructurados para entender cómo se toman las decisiones.

Al aplicar los criterios de división con conciencia, controlar el crecimiento de las estructuras con *pruning* y organizar múltiples árboles en *ensembles* robustos, el científico de datos construye modelos escalables y confiables. Cuando se integran en *pipelines* técnicos y se optimizan con validación rigurosa, estas técnicas se convierten en soluciones completas para clasificación y regresión en entornos productivos.

Modelar con árboles es más que particionar datos. Es organizar conocimiento, representar lógica y entregar inteligencia operativa con base sólida, interpretable y auditable. Un árbol bien construido es una estructura viva de decisiones inteligentes. Un bosque bien orquestado es una arquitectura estratégica de acierto.

CAPÍTULO 14. REDES NEURONALES Y DEEP LEARNING BÁSICO

Las redes neuronales constituyen la base técnica del aprendizaje profundo, permitiendo que los algoritmos aprendan representaciones complejas directamente a partir de los datos. Inspiradas en el funcionamiento de las neuronas biológicas, estas estructuras computacionales son capaces de capturar patrones altamente no lineales, siendo aplicadas con éxito en visión computacional, procesamiento de lenguaje natural, series temporales, clasificación y regresión.

Para profesionales de datos, entender el funcionamiento de las redes neuronales, sus capas, funciones de activación, proceso de optimización y tratamiento de los datos es esencial para transitar con seguridad entre prototipos simples y pipelines más elaborados de *deep learning*.

Perceptron, arquitecturas simples y capas densas

El Perceptron es la unidad computacional más simple de una red neuronal. Representa un modelo lineal binario que calcula una suma ponderada de las entradas y aplica una función de activación. A pesar de ser limitado, sirve como puerta de entrada conceptual para arquitecturas más profundas.

En redes multicapa (*Multilayer Perceptron*), múltiples neuronas son organizadas en capas densamente conectadas. Cada capa transforma el vector de entrada mediante pesos, sesgo y una función no lineal. La salida de una capa se convierte en la entrada de la siguiente, formando una cadena de transformaciones progresivas.

La creación de una red con capas densas en Keras se realiza de la siguiente forma:

python

```
from tensorflow.keras.models import Sequential

from tensorflow.keras.layers import Dense


modelo = Sequential([

    Dense(32, activation='relu', input_shape=(X_train.shape[1],)),

    Dense(16, activation='relu'),

    Dense(1, activation='sigmoid')

])
```

- Las capas Dense conectan todas las neuronas de la capa anterior.

- La función relu se usa en las capas ocultas por promover aprendizaje eficiente.

- La función sigmoid en la salida es adecuada para clasificación binaria.

El número de neuronas, capas y funciones de activación puede ajustarse conforme a la complejidad del problema. Modelos más profundos aprenden representaciones más ricas, pero exigen más datos, regularización y poder computacional.

Bibliotecas fundamentales (TensorFlow, PyTorch)

Dos bibliotecas dominan el desarrollo de redes neuronales modernas: TensorFlow y PyTorch. Ambas ofrecen soporte para construcción de modelos, ejecución en GPU, auto-diferenciación, APIs de alto y bajo nivel, además de integración con bibliotecas auxiliares de visualización, producción y optimización.

TensorFlow ofrece una API declarativa robusta, con enfoque en pipelines reproducibles y *deployment* en producción. Su sub-biblioteca Keras facilita la definición y entrenamiento de modelos:

python

```
modelo.compile(optimizer='adam',
loss='binary_crossentropy', metrics=['accuracy'])

modelo.fit(X_train, y_train, epochs=10, batch_size=32,
validation_split=0.2)
```

Por otro lado, PyTorch está basado en una aproximación imperativa, con foco en flexibilidad y depuración intuitiva. Es altamente adoptado en investigación y experimentación rápida:

python

```
import torch

import torch.nn as nn

import torch.optim as optim


class MLP(nn.Module):

    def __init__(self):

        super().__init__()
```

```python
        self.camadas = nn.Sequential(
            nn.Linear(20, 32),
            nn.ReLU(),
            nn.Linear(32, 1),
            nn.Sigmoid()
        )
    def forward(self, x):
        return self.camadas(x)


modelo = MLP()
criterio = nn.BCELoss()
otimizador = optim.Adam(modelo.parameters(), lr=0.001)
```

El entrenamiento en PyTorch exige *loops* manuales, permitiendo control total sobre cada etapa:

python

```python
for epoca in range(10):
    modelo.train()
    saida = modelo(X_train)
    perda = criterio(saida, y_train)
    perda.backward()
    otimizador.step()
    otimizador.zero_grad()
```

La elección entre TensorFlow y PyTorch depende del nivel

de madurez del proyecto, del equipo y de los objetivos (prototipado, investigación, producción, integración con APIs o *edge computing*).

Tratamiento de datos para redes neuronales

Los modelos de *deep learning* son sensibles a la calidad y a la escala de los datos. El preprocesamiento adecuado incluye normalización, transformación de tipos de datos, codificación de variables categóricas y organización de los datos en tensores.

La estandarización de las *features* continuas con media cero y desviación estándar unitaria acelera la convergencia:

python

```
from sklearn.preprocessing import StandardScaler


scaler = StandardScaler()
X_train = scaler.fit_transform(X_train)
```

Para variables categóricas, usamos OneHotEncoder o LabelEncoder dependiendo del modelo:

python

```
from sklearn.preprocessing import OneHotEncoder


encoder = OneHotEncoder(sparse=False)
X_cat = encoder.fit_transform(df[['categoria']])
```

Los datos deben convertirse en tensores (torch.Tensor o tf.Tensor) con tipo float32:

python

```
X_tensor = torch.tensor(X_train, dtype=torch.float32)

y_tensor = torch.tensor(y_train, dtype=torch.float32)
```

La gestión de *batches*, aleatorización y división de los datos se realiza con DataLoaders en PyTorch o directamente con fit() en Keras.

Además, es importante separar una parte de los datos para validación y, idealmente, aplicar *early stopping* para interrumpir el entrenamiento al detectar estancamiento del rendimiento:

python

```
from tensorflow.keras.callbacks import EarlyStopping


parar_cedo = EarlyStopping(patience=5,
restore_best_weights=True)

modelo.fit(X_train, y_train, validation_split=0.2, epochs=50,
callbacks=[parar_cedo])
```

Datos mal preparados afectan negativamente la estabilidad del entrenamiento, causan gradientes explosivos o desaparecidos y perjudican la generalización.

Optimización, backpropagation y funciones de activación

La optimización en redes neuronales está basada en el método de *backpropagation*, donde los errores se retropropagan desde la salida para ajustar los pesos de las capas anteriores. El gradiente del error respecto a los pesos es calculado automáticamente por las bibliotecas y utilizado para actualización con algoritmos como SGD, Adam o RMSprop.

En TensorFlow:

python

```
modelo.compile(optimizer='adam',
loss='categorical_crossentropy', metrics=['accuracy'])
```

En PyTorch, la actualización de los pesos se hace manualmente tras cada backward() y step().

La elección del optimizador impacta la velocidad y estabilidad del aprendizaje. Adam es una buena opción por defecto, combinando adaptación de tasa de aprendizaje con *momentum*.

Las funciones de activación introducen no linealidad, permitiendo a la red aprender representaciones complejas:

- **relu**: función por defecto para capas ocultas.

- **sigmoid**: usada en la salida para clasificación binaria.

- **softmax**: usada en la salida para clasificación multiclase.

- **tanh**: alternativa a sigmoid, con salida centrada en el origen.

Para problemas con múltiples salidas independientes, utilizamos sigmoid por unidad. Para categorías exclusivas, usamos softmax con categorical_crossentropy.

La combinación correcta de función de activación con función de pérdida es esencial para la estabilidad del gradiente. Usar mse con sigmoid, por ejemplo, puede generar aprendizaje lento o bloqueado.

Resolución de Errores Comunes

Error: "Expected input of type float32"
Causa: Datos en otro tipo numérico, como int64 o float64.
Solución: Usar .astype(np.float32) o convertir tensores con dtype=torch.float32.

Error: "CUDA out of memory"
Causa: Lote de entrenamiento muy grande para la GPU disponible.
Solución: Reducir batch_size, liberar caché con torch.cuda.empty_cache() o usar CPU temporalmente.

Error: "ValueError: logits and labels must have the same shape"
Causa: Incompatibilidad entre la salida de la red y el formato de las etiquetas.
Solución: Ajustar la función de activación y la forma de salida según el tipo de problema (binario, multiclase o multilabel).

Error: "NaN in loss during training"
Causa: Gradientes explosivos, tasa de aprendizaje alta o inicialización incorrecta.
Solución: Reducir learning_rate, aplicar normalización en los datos o usar GradientClipping.

Buenas Prácticas

- Siempre normalizar las entradas antes de entrenar la

red. La convergencia depende de la homogeneidad de las escalas.

- Probar arquitecturas simples antes de aumentar profundidad. Modelos demasiado grandes tienden a sobreajustarse.

- Utilizar *callbacks* como EarlyStopping y ModelCheckpoint para automatizar el control del entrenamiento.

- Acompañar métricas de validación en cada época. La pérdida de validación es el mejor indicador de rendimiento real.

- Al usar múltiples capas, insertar Dropout para reducir *overfitting*.

- Documentar arquitectura, hiperparámetros y resultados con claridad. El retrabajo es frecuente en redes neuronales.

- Validar el modelo en datos fuera de la distribución cuando sea posible. Las redes neuronales pueden sobrestimar la generalización.

Resumen Estratégico

Las redes neuronales representan una revolución conceptual y técnica en el modelado de datos. Su capacidad de abstracción, combinada con la ingeniería de optimización automática y escalabilidad en GPU, transforma problemas lineales en estructuras flexibles y adaptables. Cuando están bien entrenadas, son herramientas poderosas de inferencia y representación.

Pero esa potencia exige método. La arquitectura debe alinearse con la naturaleza del problema. Los datos deben tratarse con rigor. La función de pérdida debe reflejar el objetivo. Y la optimización debe conducirse con paciencia y seguimiento técnico.

No se trata de apilar capas aleatoriamente. Se trata de construir una máquina de aprendizaje coherente, balanceada y estratégicamente ajustada. El dominio de las redes neuronales comienza con la simplicidad bien ejecutada y evoluciona con ingeniería disciplinada. *Deep learning* es más que profundidad. Es precisión, estructura y consciencia matemática aplicada.

CAPÍTULO 15. MODELOS DE AGRUPAMIENTO Y SEGMENTACIÓN

Agrupar datos sin conocimiento previo de etiquetas es una de las tareas más estratégicas del análisis exploratorio. El agrupamiento, o *clustering*, permite identificar estructuras internas, patrones de comportamiento y grupos naturales dentro de los datos. Segmentaciones bien construidas se aplican en marketing, detección de anomalías, compresión de datos, recomendación personalizada y análisis de perfiles. El poder del *clustering* está en la capacidad de organizar el caos informacional en conjuntos interpretables y accionables.

En este capítulo, los modelos de agrupamiento se abordan de forma aplicada y comparativa, con foco en K-Means, DBSCAN y métodos jerárquicos. También se abordan técnicas para elegir el número ideal de *clusters*, métricas de evaluación de calidad, estrategias de segmentación en datos reales y métodos de visualización para validación y comunicación de los resultados.

K-Means, DBSCAN, clustering jerárquico

K-Means es el algoritmo más popular para *clustering*. Particiona los datos en k grupos, minimizando la suma de distancias entre los puntos y sus centroides. Es eficiente y escalable, pero asume que los *clusters* tienen forma esférica y tamaños similares.

python

```
from sklearn.cluster import KMeans


modelo = KMeans(n_clusters=4, random_state=42)
modelo.fit(X)
labels = modelo.labels_
```

La elección de *k* influye directamente en los resultados. El algoritmo inicializa aleatoriamente los centroides y los ajusta iterativamente. Los puntos se asignan al centroide más cercano y los centroides se recalculan hasta la convergencia.

DBSCAN (*Density-Based Spatial Clustering of Applications with Noise*) agrupa puntos con base en densidad. No requiere definir el número de *clusters* e identifica ruido naturalmente. Es ideal para datos con formas complejas y presencia de *outliers*.

python

```
from sklearn.cluster import DBSCAN


modelo = DBSCAN(eps=0.5, min_samples=5)
modelo.fit(X)
labels = modelo.labels_
```

eps define el radio de vecindad y min_samples el número mínimo de puntos en una región densa. DBSCAN es sensible a la escala de los datos, por lo que el uso de StandardScaler es esencial.

El *clustering* jerárquico construye un árbol de agrupamientos, llamado dendrograma, que puede cortarse en diferentes niveles para generar agrupamientos. El método no requiere definición previa de *k* y permite explorar agrupamientos en múltiples escalas.

python

```
from scipy.cluster.hierarchy import linkage, dendrogram
import matplotlib.pyplot as plt


Z = linkage(X, method='ward')
dendrogram(Z)
plt.show()
```

Para formar los grupos:

python

```
from scipy.cluster.hierarchy import fcluster


labels = fcluster(Z, t=4, criterion='maxclust')
```

Cada técnica tiene ventajas distintas. K-Means es rápido, pero limitado a *clusters* convexos. DBSCAN es robusto frente a *outliers* y detecta formas arbitrarias. El *clustering* jerárquico es interpretable y flexible, aunque menos escalable.

Elección del número de clusters y métricas de evaluación

Determinar el número ideal de *clusters* es una etapa crítica. En K-Means, el método del codo (*elbow method*) analiza la inercia

del modelo:

python

```
import matplotlib.pyplot as plt

inercia = []
for k in range(1, 10):
    modelo = KMeans(n_clusters=k, random_state=42)
    modelo.fit(X)
    inercia.append(modelo.inertia_)

plt.plot(range(1, 10), inercia, marker='o')
plt.title('Método del Codo')
plt.xlabel('Número de clusters')
plt.ylabel('Inercia')
plt.show()
```

La elección de *k* ocurre donde la reducción de inercia comienza a disminuir marginalmente, indicando el punto óptimo.

Otra métrica importante es el *Silhouette Score*, que evalúa la cohesión intra-cluster y la separación entre clusters:

python

```
from sklearn.metrics import silhouette_score

score = silhouette_score(X, labels)
```

Valores próximos a 1 indican *clusters* bien definidos. Valores negativos sugieren mala asignación.

Para DBSCAN, la elección de eps se hace con base en la distancia al vecino más cercano:

python

```
from sklearn.neighbors import NearestNeighbors


vizinhos = NearestNeighbors(n_neighbors=2)

vizinhos_fit = vizinhos.fit(X)

distancias, _ = vizinhos_fit.kneighbors(X)


distancias = sorted(distancias[:, 1])

plt.plot(distancias)

plt.title('Gráfico de Distancia K-NN')

plt.show()
```

La "rodilla" de la curva define el valor ideal de eps. El número de *clusters* resultantes en DBSCAN y métodos jerárquicos se evalúa por inspección directa de las etiquetas y la densidad de los grupos.

Segmentación de clientes, anomalías y análisis exploratorio

El *clustering* es frecuentemente utilizado en segmentación de clientes. La combinación de variables como edad, ingreso, comportamiento de compra y frecuencia resulta en grupos con perfiles distintos. La aplicación práctica involucra:

- Estandarización de los datos con StandardScaler.

- Pruebas con diferentes algoritmos y parámetros.

- Validación de las características de cada grupo.

- Interpretación de los *clusters* en términos de acciones concretas.

python

```
from sklearn.preprocessing import StandardScaler


scaler = StandardScaler()
X_padronizado = scaler.fit_transform(df[['idade', 'renda', 'frequencia']])


modelo = KMeans(n_clusters=4)
modelo.fit(X_padronizado)
df['segmento'] = modelo.labels_
```

El mismo razonamiento puede usarse para detección de anomalías. En DBSCAN, los puntos etiquetados con -1 representan ruido:

python

```
df['anomalias'] = (labels == -1).astype(int)
```

En *clustering* jerárquico, los *outliers* tienden a unirse solo en la cima del dendrograma. En K-Means, un *cluster* con pocos elementos puede indicar comportamiento atípico.

El agrupamiento también es útil para exploración de estructuras internas en datos genómicos, imágenes, series temporales y textos. Es una herramienta de descubrimiento, recomendación y compresión de la dimensionalidad conductual.

Comparación de métodos y visualización de clusters

Evaluar diferentes técnicas exige no solo análisis numérico, sino también visualización. El uso de PCA o t-SNE permite representar los datos en 2D para inspeccionar la separación entre grupos:

python

```
from sklearn.decomposition import PCA
import seaborn as sns


pca = PCA(n_components=2)
X_pca = pca.fit_transform(X)


df_pca = pd.DataFrame(X_pca, columns=['PC1', 'PC2'])
df_pca['cluster'] = labels


sns.scatterplot(data=df_pca, x='PC1', y='PC2', hue='cluster',
palette='tab10')
```

La separación de los puntos revela la calidad estructural del agrupamiento. Grupos bien delimitados y compactos indican que el algoritmo capturó patrones latentes de forma eficaz.

Para comparar métodos:

- Aplique los mismos datos preprocesados.

- Evalúe con las mismas métricas (*Silhouette*, cohesión, separación).

- Visualice los *clusters* con los mismos criterios.

- Considere el costo computacional y la interpretabilidad.

Este enfoque técnico permite elegir el método más adecuado para el contexto, no solo el que devuelve mayor número de *clusters* o mayor precisión visual.

Resolución de Errores Comunes

Error: "ValueError: Input contains NaN"
Causa: Datos con valores ausentes.
Solución: Usar fillna() o SimpleImputer antes del *clustering*.

Error: "Number of labels is 1. Valid values are 2 to n_samples - 1"
Causa: Todos los puntos asignados a un mismo *cluster*.
Solución: Ajustar los parámetros del modelo, especialmente eps en DBSCAN o k en K-Means.

Error: "ConvergenceWarning: Number of distinct clusters found smaller than n_clusters"
Causa: Valor de *k* demasiado alto.
Solución: Reducir el número de *clusters* o estandarizar los datos.

Error: "MemoryError" al usar *linkage* completa
Causa: Dataset demasiado grande para *clustering* jerárquico.
Solución: Reducir la muestra o usar métodos aglomerativos con distancia limitada.

Buenas Prácticas

- Siempre estandarice los datos antes de *clustering*. Las distancias son sensibles a la escala.

- Pruebe múltiples algoritmos con diferentes parámetros antes de elegir.

- Use PCA para reducir dimensionalidad antes de visualizar.

- Valide los agrupamientos con múltiples métricas e interpretación semántica.

- No confíe solo en el número de *clusters*. Evalúe cohesión, separación y utilidad práctica.

- Documente el razonamiento detrás de la elección de hiperparámetros.

- En proyectos con datos ruidosos, prefiera DBSCAN.

- Para bases pequeñas, los métodos jerárquicos permiten comprensión profunda de las estructuras internas.

Resumen Estratégico

Los modelos de agrupamiento organizan datos complejos en estructuras comprensibles, revelando patrones y comportamientos que no son visibles a simple vista. Cuando se aplican con método, transforman datasets crudos en *clusters* con valor estratégico. Son especialmente útiles en fases exploratorias, sistemas de recomendación, análisis de comportamiento y segmentaciones personalizadas.

La fuerza del *clustering* está en la ingeniería de distancias, en la estandarización de los criterios y en la validación práctica de los grupos encontrados. La elección del algoritmo debe ser técnica y contextual. El agrupamiento es una herramienta de descubrimiento, y su eficacia depende de estructura, visualización, interpretación y capacidad de traducir los grupos en decisiones reales.

Modelar agrupamientos no es solo separar. Es organizar la complejidad. Es revelar lo invisible. Es entregar visión accionable sobre lo que antes era solo dato.

CAPÍTULO 16. APRENDIZAJE SEMI-SUPERVISADO

En contextos reales, es común que una gran cantidad de datos esté disponible sin etiquetas, mientras solo una pequeña fracción esté etiquetada de forma confiable. La rotulación manual es costosa, lenta y, muchas veces, inviable a escala. El aprendizaje semi-supervisado (*semi-supervised learning*) surge como una solución estratégica para aprovechar el valor de grandes volúmenes de datos no etiquetados, combinando la robustez de los métodos supervisados con la escalabilidad de los no supervisados. Cuando está bien estructurada, esta técnica impulsa la precisión de modelos en escenarios con escasez de etiquetas, reduce costos operativos y acelera la construcción de soluciones inteligentes.

Este capítulo presenta los fundamentos operativos del aprendizaje semi-supervisado, desde la estructura conceptual hasta su implementación práctica con *self-training*, *label propagation*, integración con modelos supervisados, desafíos operativos y ajustes de hiperparámetros. El enfoque está en la aplicación estructurada y progresiva de la técnica en problemas reales, respetando la proporción ideal de contenido técnico, aplicado, diagnóstico de errores y buenas prácticas.

Conceptos y aplicaciones en escenarios de datos escasos

El aprendizaje semi-supervisado es un enfoque híbrido que utiliza un conjunto pequeño de ejemplos etiquetados (*labeled data*) y un gran volumen de datos no etiquetados (*unlabeled data*) para construir modelos predictivos. La premisa central es que los datos no etiquetados contienen información estructural útil que, cuando se explota correctamente, amplía la capacidad de generalización del modelo.

Estos modelos se aplican en diversos escenarios:

- Procesamiento de lenguaje natural con *corpora* extensos y pocas etiquetas manuales.

- Diagnósticos médicos con bases clínicas amplias pero anotaciones limitadas.

- Detección de fraudes, donde los eventos positivos son raros.

- Clasificación de imágenes, donde solo un subconjunto fue etiquetado por especialistas.

La estructura típica involucra:

- Entrenar un modelo con los datos etiquetados.

- Utilizar ese modelo para inferir etiquetas en los datos no etiquetados con mayor confianza.

- Incorporar progresivamente los datos pseudo-etiquetados al entrenamiento.

- Repetir el ciclo con validación controlada.

La eficacia del aprendizaje semi-supervisado depende de la calidad inicial de las etiquetas, la densidad informacional de los datos y la forma en que las etiquetas inferidas son incorporadas al modelo. Con ingeniería adecuada, esta estrategia entrega resultados cercanos a los supervisados completos con una fracción del costo.

Self-training y label propagation

Dos técnicas clásicas representan la base del aprendizaje semi-supervisado: *self-training* y *label propagation.*

Self-training consiste en entrenar un modelo con los datos etiquetados y usarlo para etiquetar ejemplos no anotados. Solo las predicciones con mayor confianza se añaden a la base de entrenamiento. El proceso se repite iterativamente.

python

```
from sklearn.ensemble import RandomForestClassifier

from sklearn.semi_supervised import SelfTrainingClassifier


modelo_base = RandomForestClassifier()

modelo_semi = SelfTrainingClassifier(base_estimator=modelo_base, threshold=0.9)

modelo_semi.fit(X_total, y_parcial)
```

En el vector y_parcial, las etiquetas ausentes deben representarse con -1. El parámetro threshold define la confianza mínima para aceptar una predicción como pseudo-etiqueta.

Este enfoque es simple, flexible y compatible con diversos algoritmos. Sin embargo, es sensible a errores iniciales, que pueden amplificarse en las iteraciones siguientes. Por eso, un *threshold* alto es recomendado en las primeras fases.

Label propagation y *label spreading* son técnicas basadas en grafos. Construyen un grafo de similitud entre los datos y propagan las etiquetas de los ejemplos conocidos hacia los vecinos, con base en las distancias entre los puntos.

python

```
from sklearn.semi_supervised import LabelPropagation


modelo_lp = LabelPropagation(kernel='knn', n_neighbors=5)
modelo_lp.fit(X_total, y_parcial)
```

Este tipo de enfoque es eficaz cuando la estructura del espacio muestral está bien conectada. Los modelos basados en grafos capturan mejor la geometría local y respetan agrupamientos naturales, funcionando bien en datos con alta cohesión de clase.

Ambos métodos requieren que los datos estén normalizados. La sensibilidad a la escala afecta directamente la construcción de la matriz de similitud.

Combinación con algoritmos supervisados

Una de las estrategias más eficaces en aprendizaje semi-supervisado es la combinación directa con modelos supervisados. Al utilizar la parte etiquetada para entrenar un modelo robusto e incorporar iterativamente las etiquetas predichas, se construye un *pipeline* progresivo y confiable.

El proceso sigue los siguientes pasos:

- Inicio con un modelo supervisado tradicional (ej: regresión logística, random forest, SVM).

- Inferencia de etiquetas en los datos no etiquetados.

- Selección de muestras con mayor confianza, vía predict_proba.

- Inclusión de estas muestras en el conjunto etiquetado.

- Reentrenamiento del modelo completo.

- Validación continua con muestras reales etiquetadas.

python

```python
probs = modelo.predict_proba(X_unlabeled)
confianca_max = probs.max(axis=1)
mascara_confianca = confianca_max >= 0.95


X_novos = X_unlabeled[mascara_confianca]
y_novos = modelo.predict(X_novos)


X_train = np.vstack([X_train, X_novos])
y_train = np.concatenate([y_train, y_novos])
```

Al adoptar este modelo iterativo controlado, se evita la propagación de errores y se promueve una mejora continua de la capacidad predictiva con expansión controlada de la base.

Además, técnicas de *ensemble* como *stacking* o *bagging* pueden aplicarse para estabilizar las decisiones de las pseudo-etiquetas y reducir varianza.

Desafíos y ajustes de hiperparámetros

Trabajar con datos parcialmente etiquetados presenta desafíos técnicos y estratégicos. La propagación de errores es el más crítico. Una pseudo-etiqueta incorrecta puede contaminar el modelo y llevar a una degradación iterativa del rendimiento.

Otros desafíos incluyen:

- Desequilibrio entre clases, que puede ampliarse si las pseudo-etiquetas se concentran en las clases más comunes.

- Sobreajuste a los datos inicialmente etiquetados.

- Dependencia de la confianza del modelo inicial para iniciar el proceso.

- Dificultad para parametrizar *thresholds* que equilibren seguridad y crecimiento de la base.

Los principales hiperparámetros a ajustar incluyen:

- *threshold* de confianza (*self-training*)

- n_neighbors o gamma en métodos de grafos

- max_iter y criterios de parada

- Métricas de evaluación por validación cruzada restringida al conjunto etiquetado

Las validaciones deben hacerse exclusivamente sobre datos con etiquetas verdaderas. El uso de métricas aplicadas sobre pseudo-etiquetas no tiene validez estadística. Una técnica segura es separar un conjunto de validación etiquetado e inmutable desde el inicio, para servir de referencia a lo largo del proceso.

El ajuste de hiperparámetros debe considerar no solo la ganancia de precisión, sino también la estabilidad del modelo a lo largo de las iteraciones.

Resolución de Errores Comunes

Error: "Found input variables with inconsistent numbers of samples"
Causa probable: Unión de datos con tamaños divergentes entre *features* y etiquetas.
Solución: Verificar dimensiones de X e y tras cada iteración con .shape.

Error: "Unknown label type: continuous"
Causa probable: Etiquetas en formato float en clasificación.
Solución: Convertir las etiquetas a enteros con .astype(int) y verificar que no haya NaN.

Error: "Input contains NaN"
Causa probable: Datos ausentes no tratados en la base combinada.
Solución: Aplicar SimpleImputer o dropna() antes de entrenar los modelos.

Error: "MemoryError" en métodos de grafos
Causa probable: Construcción de matriz de similitud demasiado grande.
Solución: Reducir el número de ejemplos o usar knn como *kernel* en lugar de rbf.

Buenas Prácticas

- Siempre normalice los datos antes de aplicar cualquier técnica de similitud.

- Use solo las pseudo-etiquetas más confiables en las primeras iteraciones.

- Mantenga un conjunto de validación fijo y etiquetado para evaluación real.

- Documente las tasas de crecimiento del conjunto etiquetado en cada ciclo.

- Evite múltiples iteraciones sin validación intermedia. Controle el flujo de pseudo-etiquetas.

- Pruebe diferentes algoritmos base para comparar la propagación en modelos distintos.

- Estudie el comportamiento de los *clusters* de datos antes de propagar etiquetas. *Clusters* mal definidos reducen el valor de la propagación.

Resumen Estratégico

El aprendizaje semi-supervisado llena una brecha crítica en la construcción de modelos reales: cómo aprender con poco. Cuando se estructura con criterio, entrega resultados comparables al aprendizaje supervisado completo, con solo una fracción del esfuerzo de rotulación. Es una técnica poderosa para escalar la inteligencia de sistemas en contextos donde los datos son abundantes pero las anotaciones son raras, costosas o sensibles.

Su aplicación requiere dominio técnico, control riguroso sobre las decisiones automáticas y validación constante sobre datos confiables. Más que usar lo que se tiene, se trata de construir conocimiento progresivo a partir de lo que se sabe. Aprender con poco es arte. Aprender con poco y acertar es ingeniería aplicada.

CAPÍTULO 17. APRENDIZAJE POR REFUERZO INTRODUTORIO

El aprendizaje por refuerzo es uno de los enfoques más potentes de la inteligencia artificial moderna. A diferencia del aprendizaje supervisado, donde se aprende con pares de entrada y salida, o del no supervisado, que busca patrones sin etiquetas, el refuerzo aprende por interacción. Un agente toma decisiones en un entorno, recibe recompensas y ajusta su comportamiento con el tiempo. Esta dinámica permite la construcción de sistemas adaptativos que optimizan acciones en contextos continuos, inciertos e interactivos.

Los modelos basados en refuerzo están detrás de avances relevantes en juegos, control robótico, sistemas de recomendación y navegación autónoma. Con estructura modular y algoritmos bien definidos, este paradigma ofrece una base sólida para la creación de agentes inteligentes que aprenden con experiencia.

Agentes, estados, acciones y recompensas

El aprendizaje por refuerzo se construye sobre la interacción entre cuatro componentes fundamentales: agente, estado, acción y recompensa. El agente es la entidad que aprende. El estado es la representación del entorno en un instante dado. La acción es la decisión que toma el agente, y la recompensa es el *feedback* del entorno.

Este ciclo genera una secuencia llamada trayectoria, en la cual el agente recorre estados, elige acciones y recibe recompensas. El objetivo del agente es maximizar la suma total de las recompensas acumuladas en el tiempo, conocida como retorno.

La estructura de un *loop* típico de refuerzo es:

python

```
estado = ambiente.reset()


for paso in range(max_passos):
    acao = agente.selecionar_acao(estado)
    novo_estado, recompensa, finalizado, _ =
ambiente.step(acao)
    agente.atualizar(estado, acao, recompensa, novo_estado)
    estado = novo_estado
    if finalizado:
        break
```

La función step() es proporcionada por el entorno y devuelve la nueva observación, la recompensa recibida y una señalización de término. La función selecionar_acao() puede ser determinista o estocástica, y la actualización depende del algoritmo en uso.

La política de decisión del agente, denotada por $\pi(s)$, define la probabilidad de elegir una acción a partir de un estado. La calidad de una política se mide por su capacidad de generar altos retornos.

Q-learning y técnicas de exploración/explotación

El algoritmo Q-learning es uno de los más conocidos y utilizados en el aprendizaje por refuerzo. Busca aprender una función de valor Q(s, a), que estima el retorno esperado al ejecutar la acción a en el estado s, siguiendo la mejor política posible desde ese punto.

La función Q se actualiza con base en la ecuación de Bellman, ajustando el valor estimado con el valor observado más la recompensa:

python

```
Q[s, a] = Q[s, a] + taxa * (recompensa + gama * max(Q[s_prox, :]) - Q[s, a])
```

En código:

python

```
import numpy as np

Q = np.zeros((num_estados, num_acoes))
taxa = 0.1
gama = 0.95

acao = np.argmax(Q[estado])
Q[estado, acao] = Q[estado, acao] + taxa * (recompensa + gama * np.max(Q[novo_estado]) - Q[estado, acao])
```

El Q-learning es *off-policy*, es decir, aprende sobre la mejor política posible mientras sigue otra política durante el entrenamiento.

La estrategia de exploración vs. explotación es crítica en el aprendizaje. El agente necesita explorar acciones nuevas para descubrir buenas opciones, pero también debe explotar el conocimiento ya adquirido.

El enfoque más común es *epsilon-greedy*: con probabilidad ε, el agente elige una acción aleatoria (exploración); con 1 - ε, elige la mejor acción conocida (explotación).

python

```
epsilon = 0.1
if np.random.rand() < epsilon:
    acao = np.random.choice(num_acoes)
else:
    acao = np.argmax(Q[estado])
```

A lo largo del entrenamiento, el valor de ε puede reducirse progresivamente, priorizando exploración al inicio y especialización al final.

Entornos de simulación y bibliotecas

Simular el entorno es fundamental para entrenar agentes en aprendizaje por refuerzo. El estándar más ampliamente adoptado es OpenAI Gym, una biblioteca que proporciona una interfaz estandarizada para entornos de simulación.

python

```
import gym

ambiente = gym.make('CartPole-v1')
estado = ambiente.reset()
```

La biblioteca contiene entornos clásicos como CartPole, MountainCar, FrozenLake, juegos de Atari y entornos personalizados. También es compatible con bibliotecas como stable-baselines3, PettingZoo, Gymnasium y Unity ML-Agents.

Los entornos de simulación permiten entrenar agentes sin riesgos físicos, con control total sobre velocidad, ruido y repetición. La reproducibilidad garantiza experimentos controlados y comparaciones justas.

Para proyectos mayores, stable-baselines3 ofrece implementaciones robustas de algoritmos avanzados como DQN, PPO y A2C, con soporte para GPU, log de métricas, *checkpoints* e integración con TensorBoard.

python

```
from stable_baselines3 import DQN


modelo = DQN('MlpPolicy', ambiente, verbose=1)
modelo.learn(total_timesteps=10000)
```

Entrenar en entornos simulados es un paso intermedio entre el algoritmo puro y la aplicación real, permitiendo probar hipótesis, ajustar hiperparámetros y medir impacto sin costos operativos.

Escenarios reales de aplicación

Las aplicaciones reales de aprendizaje por refuerzo están creciendo rápidamente, principalmente en sistemas que exigen decisiones secuenciales con *feedback* parcial.

Entre los principales escenarios se destacan:

- Control de robots autónomos que necesitan aprender a desplazarse, equilibrarse o manipular objetos.

- Optimización del tráfico en redes urbanas, ajustando señales de tránsito en tiempo real con base en flujo.

- Sistemas de recomendación que adaptan ofertas según las reacciones del usuario.

- Estrategias de *trading* y asignación de portafolio, donde el agente aprende a reaccionar a las fluctuaciones del mercado.

- Juegos electrónicos y de mesa, donde agentes superan a jugadores humanos con aprendizaje estratégico (ej: AlphaGo).

La principal ventaja del refuerzo en estos contextos es su capacidad de aprender con la experiencia, sin requerir pares *input-output* definidos, y con enfoque en la maximización de largo plazo.

Con sensores, registros, entornos simulados y algoritmos confiables, el aprendizaje por refuerzo se vuelve cada vez más aplicable en contextos industriales, logísticos, financieros y operacionales.

Resolución de Errores Comunes

Error: "IndexError: index out of bounds"
Causa probable: Intento de acceder a una acción o estado inexistente.

Solución: Verificar los límites de las matrices Q y del espacio de acciones del entorno con action_space.n.

Error: "ValueError: too many values to unpack" al usar env.step()
Causa probable: Versión del Gym diferente.
Solución: Adaptar la llamada step() según la versión: obs, reward, terminated, truncated, info = env.step(action).

Error: "Episode never ends"
Causa probable: Política mal definida o entorno mal configurado.
Solución: Definir un número máximo de pasos por episodio o configurar adecuadamente el criterio de parada.

Error: "NaN in Q-values"
Causa probable: Aprendizaje inestable, con tasas de actualización muy altas.
Solución: Reducir la tasa de aprendizaje (alpha) y aumentar la estabilidad con inicialización controlada.

Buenas Prácticas

- Comience con entornos simples como FrozenLake o CartPole para validar el *loop* de aprendizaje.

- Use semilla fija en entornos y bibliotecas para garantizar reproducibilidad.

- Monitoree métricas como recompensa media por episodio, número de pasos y variación de la política.

- Combine técnicas como *experience replay* y *target networks* para estabilizar redes neuronales en Q-learning profundo.

- Aplique normalización y discretización en entornos con espacio continuo.

- Documente los parámetros de exploración, descuento, tasa de aprendizaje y arquitectura.

- Evalúe no solo el rendimiento medio, sino la consistencia de los resultados y el tiempo de convergencia.

Resumen Estratégico

El aprendizaje por refuerzo representa el próximo paso en la construcción de agentes inteligentes. En lugar de depender de grandes volúmenes de datos etiquetados, aprende a partir de la experiencia directa. La interacción con el entorno, el *feedback* en forma de recompensa y la búsqueda de la mejor secuencia de decisiones forman la base de sistemas autónomos realmente adaptativos.

Este paradigma exige entendimiento de política, valor, exploración, optimización y estructura de estados. Con aplicaciones prácticas en expansión y herramientas cada vez más accesibles, dominar el refuerzo significa estar preparado para diseñar agentes que aprenden con el mundo, toman decisiones progresivas y operan en escenarios complejos.

Entrenar un agente no es solo enseñarle qué hacer. Es construir una estructura que aprende a decidir. Y eso, cuando se hace bien, redefine la frontera entre código e inteligencia.

CAPÍTULO 18. PROCESAMIENTO DE LENGUAJE NATURAL (NLP)

El Procesamiento de Lenguaje Natural permite que los sistemas computacionales comprendan, interpreten y generen lenguaje humano con precisión y contexto. En un escenario donde gran parte de los datos disponibles están en forma textual – como correos electrónicos, reseñas, contratos, artículos, chats y documentos legales – dominar NLP es una de las competencias técnicas más estratégicas para extraer valor semántico y estructurar inteligencia sobre lenguaje no estructurado.

La evolución reciente del área incorporó no solo técnicas clásicas como tokenización y *stemming*, sino también modelos basados en *embeddings* y arquitecturas transformadoras como BERT y GPT. Estos avances expandieron el potencial del NLP para tareas de clasificación, análisis de sentimientos, traducción automática, resumen y generación de texto.

Este módulo presenta la aplicación práctica y estructurada del NLP moderno, desde la limpieza textual hasta el uso de *embeddings* y *transformers*, con enfoque en clasificación, análisis de sentimientos, construcción de *pipelines* robustos e integración técnica con *frameworks* de *machine learning*.

Limpieza, tokenización y stemming

El procesamiento textual comienza por la normalización de los datos. Textos reales contienen ruido como acentuación inconsistente, puntuación fuera de estándar, abreviaciones, errores ortográficos, enlaces, *stopwords* y símbolos especiales.

La limpieza busca estandarizar el *corpus*, reduciendo su dimensionalidad y haciéndolo compatible con representaciones vectoriales.

python

```python
import re
import string


def limpiar_texto(texto):
    texto = texto.lower()
    texto = re.sub(r"http\S+", "", texto)
    texto = re.sub(f"[{string.punctuation}]", "", texto)
    texto = re.sub(r"\d+", "", texto)
    texto = re.sub(r"\s+", " ", texto).strip()
    return texto
```

Tras la limpieza, el texto es tokenizado, es decir, segmentado en unidades menores – generalmente palabras o subpalabras.

python

```python
from nltk.tokenize import word_tokenize


tokens = word_tokenize(limpiar_texto("Este es un ejemplo de NLP."))
```

Los *tokens* son la base para análisis de frecuencia, construcción de vocabulario y alimentación de vectores. La siguiente etapa, *stemming* o lematización, busca reducir los *tokens* a su raíz morfológica.

python

```
from nltk.stem import PorterStemmer


stemmer = PorterStemmer()
tokens_stem = [stemmer.stem(token) for token in tokens]
```

El *stemming* elimina flexiones, pero puede generar formas truncadas. Para mayor precisión lingüística, se utiliza lematización:

python

```
from nltk.stem import WordNetLemmatizer


lemmatizer = WordNetLemmatizer()
tokens_lemmas = [lemmatizer.lemmatize(token) for token in tokens]
```

El uso de *stopwords* también es común para eliminar palabras con poca contribución semántica:

python

```
from nltk.corpus import stopwords


stop = set(stopwords.words('english'))
tokens_filtrados = [t for t in tokens if t not in stop]
```

Esta secuencia construye la base del preprocesamiento textual clásico, aplicable en modelos de conteo, *bag-of-words*, TF-IDF y algoritmos supervisados tradicionales.

Modelos basados en embeddings y transformers

Los modelos tradicionales representaban palabras por frecuencias. Los *embeddings* aprendieron a representar palabras como vectores densos, preservando relaciones semánticas en el espacio vectorial.

Word2Vec y GloVe fueron hitos en la transición hacia *embeddings*:

python

```
from gensim.models import Word2Vec


modelo = Word2Vec(sentencas_tokenizadas, vector_size=100,
window=5, min_count=2, workers=4)

vector = modelo.wv["python"]
```

Estos vectores preservan relaciones como:
king – man + woman ≈ queen

Con los *transformers*, como BERT y GPT, el *embedding* dejó de ser fijo. El vector de una palabra pasa a depender del contexto.

python

```
from transformers import BertTokenizer, BertModel
import torch


tokenizer = BertTokenizer.from_pretrained('bert-base-uncased')
modelo = BertModel.from_pretrained('bert-base-uncased')
```

```
entrada = tokenizer("Natural language is powerful",
return_tensors="pt")
salida = modelo(**entrada)

vectores_contextuales = salida.last_hidden_state
```

El vector correspondiente al token [CLS] suele usarse como representación del texto completo para tareas como clasificación.

Los *transformers* operan con autocorrelación entre tokens, permitiendo capturar dependencias largas y contexto bidireccional. Esto resulta en *embeddings* ricos y generalizables.

Además de BERT, modelos como RoBERTa, DistilBERT, T5 y GPT-2 son ampliamente utilizados, con variantes optimizadas para tareas específicas como BioBERT, LegalBERT y CamemBERT.

Clasificación de texto, análisis de sentimientos

La clasificación textual asigna categorías a textos con base en su contenido. Se utiliza en moderación de contenido, clasificación jurídica, etiquetado de documentos, categorización de noticias y más.

Con TF-IDF y regresión logística:

python

```
from sklearn.feature_extraction.text import TfidfVectorizer
from sklearn.linear_model import LogisticRegression
```

```
vector = TfidfVectorizer(max_features=5000)
X = vector.fit_transform(corpus)
modelo = LogisticRegression()
modelo.fit(X, y)
```

Para análisis de sentimientos, las etiquetas pueden ser positivas, negativas o neutras. Cuando se utilizan *transformers*, el *pipeline* es más directo:

python

```
from transformers import pipeline


analisis_sentimiento = pipeline("sentiment-analysis")
analisis_sentimiento("This course is incredibly helpful!")
```

Este *pipeline* utiliza un modelo preentrenado, devolviendo la clase más probable y su puntuación. También es posible hacer *fine-tuning* con bases propias usando Trainer de Hugging Face o TFTrainer.

La combinación de *embeddings* contextuales con una capa densa permite entrenar modelos robustos:

python

```
from transformers import BertForSequenceClassification


modelo =
BertForSequenceClassification.from_pretrained('bert-base-uncased', num_labels=2)
```

La elección entre modelos clásicos y *transformers* depende del tamaño del conjunto de datos, la tarea y la necesidad de interpretación versus rendimiento.

Preprocesamiento y pipelines complejos de NLP

Los proyectos de NLP exigen *pipelines* estructurados que conecten etapas de ingestión, normalización, vectorización, modelado y validación.

Con el Pipeline de Scikit-learn:

python

```
from sklearn.pipeline import Pipeline

pipeline = Pipeline([
    ('tfidf', TfidfVectorizer(max_features=3000)),
    ('modelo', LogisticRegression())
])
pipeline.fit(textos, etiquetas)
```

Con *transformers*, el *pipeline* requiere tokenización estandarizada, creación de datasets, entrenamiento, *checkpoint* y evaluación con métricas específicas de NLP:

python

```
from datasets import load_dataset
from transformers import Trainer, TrainingArguments
```

```
datos = load_dataset("imdb")
```

El uso de datasets y tokenizers de Hugging Face permite manipular datos de forma eficiente en *batch*, con mapeos tokenizados y *pipelines* reutilizables.

Textos largos deben truncarse o segmentarse para caber en el límite de los modelos (max_length en tokens). Tokens fuera del vocabulario son reemplazados por [UNK], lo que exige monitoreo.

La integración con TensorBoard, W&B o MLflow ayuda a rastrear métricas como f1, accuracy, precision, recall y loss.

En producción, el uso de *pipelines* optimizadas permite despliegue vía FastAPI, Docker, Amazon SageMaker o TorchServe, dependiendo del modelo y del tiempo de respuesta exigido.

Resolución de Errores Comunes

Error: "Expected input_ids to have shape [batch_size, sequence_length]"
Causa probable: Tokenización incorrecta o input mal estructurado.
Solución recomendada: Usar tokenizer(..., return_tensors="pt", padding=True, truncation=True) **para** preparar correctamente los datos.

Error: "ValueError: empty vocabulary"
Causa probable: Textos vacíos o muy cortos en la tokenización.

Solución recomendada: Verificar la limpieza de los textos antes de la vectorización.

Error: "CUDA out of memory" al usar *transformers*
Causa probable: Tamaño de batch muy alto o uso de modelo completo en GPU limitada.
Solución recomendada: Reducir batch_size, usar versiones como distilbert o optar por CPU.

Error: "Cannot handle a mix of sparse and dense inputs"
Causa probable: Mezcla de vectores TF-IDF con *embeddings*.
Solución recomendada: Separar *pipelines* o convertir vectores TF-IDF con .toarray() antes de la concatenación.

Buenas Prácticas

- Normalice y limpie los textos con reglas adaptadas al dominio. La estandarización impacta directamente la calidad de los vectores.

- Haga tokenización con herramientas especializadas para el idioma del *corpus*.

- Al usar *embeddings*, verifique que el modelo esté alineado semánticamente con el dominio (ej: jurídico, médico, técnico).

- Valide los modelos con métricas específicas de NLP. La *accuracy* aislada no capta matices de clases desbalanceadas.

- En problemas *multilabel*, use sigmoid en la salida y

BinaryCrossentropy.

- Mantenga registros de las versiones de los vocabularios, de los modelos y de los *thresholds* aplicados.

- Al entrenar *transformers*, use técnicas como congelamiento de capas y ajuste progresivo de *learning rate*.

- Siempre monitoree los tokens truncados y el impacto de palabras desconocidas en el vector final.

Resumen Estratégico

El procesamiento de lenguaje natural transforma lenguaje en datos, textos en vectores, patrones semánticos en inferencias y contenido bruto en inteligencia aplicada. Es el puente entre lenguaje humano y arquitectura computacional, posibilitando sistemas que entienden, responden, clasifican, recomiendan, resumen e interactúan con fluidez.

Su impacto técnico depende del dominio completo sobre preprocesamiento, vectorización, arquitectura y *pipeline*. El NLP moderno está orientado al contexto, depende de *embeddings* dinámicos y está estructurado por modelos con miles de millones de parámetros. Pero incluso con toda esta sofisticación, el punto de partida sigue siendo la claridad del lenguaje, la disciplina en el procesamiento y la precisión en la modelación.

Transformar lenguaje en acción comienza con estructura. Y dominar NLP es construir esa estructura con inteligencia, técnica y visión aplicada.

CAPÍTULO 19. SISTEMAS DE RECOMENDACIÓN

Los sistemas de recomendación son mecanismos inteligentes diseñados para seleccionar automáticamente contenidos, productos o acciones que maximicen la relevancia percibida por un usuario. Presentes en e-commerces, plataformas de video, servicios de streaming, redes sociales y aplicaciones de entrega, funcionan como motores de personalización y engagement, determinando qué se mostrará, cuándo y a quién.

La ingeniería de estos sistemas implica el modelado de interacciones entre usuarios e ítems, el aprendizaje de preferencias explícitas o implícitas, la adaptación continua a nuevos datos y la integración con entornos de alta demanda y actualización constante. Técnicas clásicas como filtrado colaborativo y basado en contenido evolucionaron hacia métodos híbridos y modelos de factorización, permitiendo escalabilidad y rendimiento en grandes volúmenes.

En este módulo se abordan las principales estrategias técnicas y operativas para la construcción de sistemas de recomendación, con énfasis en aplicabilidad, claridad algorítmica, ajustes finos y estructuración para datos en flujo continuo.

Filtrado colaborativo y basado en contenido

El filtrado colaborativo es un enfoque orientado por interacciones históricas entre usuarios e ítems. Parte de la premisa de que usuarios con comportamientos similares tenderán a gustar de los mismos ítems. Existen dos vertientes principales:

User-based: recomienda ítems que gustaron a usuarios similares.

Item-based: recomienda ítems similares a los que el usuario ya consumió.

python

```python
from sklearn.metrics.pairwise import cosine_similarity

import pandas as pd


matriz_interacciones = pd.pivot_table(df, index='usuario', columns='item', values='avaliacao')

similaridade_itens = cosine_similarity(matriz_interacoes.T.fillna(0))
```

Con la matriz de similitud, puede preverse la afinidad entre un usuario y un ítem aún no consumido mediante el promedio ponderado de las similitudes.

El filtrado basado en contenido recomienda ítems con base en sus características y el historial del usuario. Al construir un perfil vectorial para el usuario, se identifica la proximidad entre ese vector y los vectores de los ítems.

python

```python
from sklearn.feature_extraction.text import TfidfVectorizer


vetor = TfidfVectorizer()

matriz_itens = vetor.fit_transform(df['descricao_item'])

perfil_usuario = matriz_itens[df['item'].isin(itens_consumidos)].mean(axis=0)
```

La recomendación ocurre por ordenamiento de los ítems más cercanos al perfil:

python

```
from sklearn.metrics.pairwise import linear_kernel

scores = linear_kernel(perfil_usuario, matriz_itens)
```

Este enfoque funciona bien con base textual y categorías bien estructuradas, pero puede ser limitado en casos con poca variación semántica entre ítems o cuando el historial del usuario es muy corto.

La combinación de ambos métodos forma los sistemas híbridos, que integran similitud de comportamiento con similitud de contenido, aumentando la cobertura y la precisión de las recomendaciones.

Matrices de factorización, SVD y enfoques híbridos

La factorización de matrices es una técnica central para sistemas de recomendación colaborativa basada en modelo. El objetivo es descomponer la matriz de interacciones usuario-ítem en dos matrices de menor dimensión: una representando usuarios y otra representando ítems en el mismo espacio latente.

El algoritmo SVD (Singular Value Decomposition) es uno de los enfoques más clásicos:

python

```
from scipy.sparse.linalg import svds
```

```
matriz = matriz_interacoes.fillna(0).values
U, S, Vt = svds(matriz, k=20)
```

La multiplicación de las matrices U, S y Vt reconstruye las interacciones previstas:

python

```
import numpy as np

matriz_prevista = np.dot(np.dot(U, np.diag(S)), Vt)
```

Cada línea de matriz_prevista representa las predicciones de un usuario para todos los ítems. Ítems con los valores más altos son candidatos a recomendación.

Además de SVD, modelos como Alternating Least Squares (ALS) son ampliamente utilizados, especialmente en entornos distribuidos con Spark:

python

```
from pyspark.ml.recommendation import ALS

als = ALS(userCol="usuario", itemCol="item",
ratingCol="avaliacao", coldStartStrategy="drop")
modelo = als.fit(df_treinamento)
```

ALS alterna la optimización entre usuarios e ítems, convergiendo hacia una solución aproximada de los factores latentes.

Los modelos híbridos integran factorización con vectores de contenido, *embeddings* o grafos. La combinación puede hacerse con promedio ponderado, meta-modelos o aprendizaje profundo.

python

```
pontuacao_hibrida = 0.6 * pontuacao_colaborativa + 0.4 *
pontuacao_conteudo
```

Estos sistemas son más robustos a la escasez de datos y tienen mayor capacidad de personalización.

Cold start y actualización de modelos

El problema de *cold start* ocurre cuando el sistema no tiene suficientes interacciones con un nuevo usuario o ítem. Esto impide el uso de filtrado colaborativo, que depende del historial para funcionar.

Soluciones comunes incluyen:

- Recomendación por popularidad general en nuevos usuarios.

- Cuestionarios iniciales para inferencia rápida de preferencias.

- Clustering de usuarios o ítems basado en atributos semánticos.

- Uso exclusivo de contenido textual o metadatos en los primeros accesos.

Para ítems, las recomendaciones basadas en contenido son

más fáciles de aplicar al inicio. Para usuarios, preguntas de *onboarding* y comportamiento de navegación son insumos valiosos.

La actualización del modelo puede hacerse por reprocesamiento en batch o por aprendizaje incremental. Sistemas que operan en tiempo real exigen *pipelines* que acepten actualizaciones de *feedback* y reestimen las predicciones.

En SVD, volver a entrenar todo el modelo puede ser costoso. Alternativas incluyen:

- Mantener los vectores latentes y actualizar solo los afectados.

- Utilizar algoritmos online como SGD.

- Aplicar filtros heurísticos para reclasificación en tiempo real.

Entornos con millones de usuarios e ítems exigen estrategias optimizadas de almacenamiento vectorial, indexación y recuperación por aproximación (ANN – *approximate nearest neighbors*).

Integración con pipelines de datos de streaming

Recomendaciones en tiempo real exigen arquitecturas que capturen eventos en flujo, actualicen perfiles y ajusten modelos sin pérdida de consistencia. Las plataformas de datos modernas utilizan componentes como Kafka, Spark Streaming, Flink, Redis y APIs REST para orquestar ese flujo.

La estructura típica involucra:

- Captura de clics, visualizaciones, compras o

interacciones vía eventos.

- Almacenamiento temporal en *buffer* o base de logs.

- Actualización del vector del usuario en caché con base en la nueva interacción.

- Generación inmediata de recomendación basada en el vector actualizado.

Con Spark Streaming:

python

```python
from pyspark.sql import SparkSession
from pyspark.sql.functions import from_json, col
from pyspark.sql.types import StructType


spark =
SparkSession.builder.appName("Recomendaciones").getOrCre
ate()


schema = StructType().add("usuario", "string").add("item",
"string")
stream = spark.readStream.format("kafka").load()
dados = stream.selectExpr("CAST(value AS
STRING)").select(from_json(col("value"),
schema).alias("dados"))
```

La recomendación puede emitirse por microservicio en REST o escrita directamente en una cola de eventos de salida. Este modelo permite sistemas reactivos, personalizados y con baja latencia.

La integración entre datos históricos y eventos actuales debe hacerse con consistencia. Las recomendaciones necesitan considerar la sesión actual, la preferencia global y el contexto. Es común usar filtros por categoría, ubicación, tiempo o tipo de dispositivo.

Resolución de Errores Comunes

Error: "ValueError: Input contains NaN"
Causa probable: Matriz de interacciones con datos ausentes.
Solución recomendada: Reemplazar NaN por cero o ignorar ítems sin interacción en predicciones.

Error: "IndexError: index out of bounds"
Causa probable: Nuevo ítem o usuario no presente en las matrices originales.
Solución recomendada: Aplicar *fallback* por popularidad o contenido textual.

Error: "MemoryError" al usar SVD en base grande
Causa probable: Factorización densa en matriz dispersa.
Solución recomendada: Utilizar svds() de SciPy o ALS en Spark con control de paralelismo.

Error: "Cold start: no interactions found"
Causa probable: Nuevo usuario sin historial.
Solución recomendada: Aplicar recomendación basada en contenido o categoría.

Buenas Prácticas

- Normalice evaluaciones o interacciones antes de factorizar. Esto mejora la convergencia y la coherencia de los factores latentes.

- Combine múltiples fuentes de información (rating, clic, tiempo, compra) con pesos distintos.

- Aplique regularización en las matrices factorizadas para evitar sobreajuste.

- Use *implicit feedback* para representar acciones no explícitas, como visualizaciones o *scroll*.

- Mantenga el historial de las últimas interacciones recientes para capturar contexto.

- Monitoree el rendimiento con métricas como MAP@K, NDCG@K, Hit Rate y Precision@K.

- Evalúe modelos con validación temporal, no solo con muestras aleatorias.

- Siempre implemente *fallback* para casos de ausencia de historial, error o datos incompletos.

Resumen Estratégico

Los sistemas de recomendación operan en la intersección entre ingeniería, aprendizaje y comportamiento humano. Cuando están bien modelados, transforman experiencias genéricas en jornadas personalizadas, aumentando retención, engagement y conversión. Su impacto técnico es proporcional a la claridad con que modelan preferencias y anticipan deseos.

La construcción de buenos sistemas depende de estructura modular, dominio de las técnicas de predicción, control de los problemas de escasez y actualización, e integración con flujos reales de datos. Es un ciclo continuo de observación, predicción y adaptación.

Recomendar es más que sugerir. Es inferir contexto, entender comportamiento y transformar datos en relevancia. Cuando eso se hace con precisión técnica, rigor estadístico y arquitectura sólida, el sistema de recomendación deja de ser un componente auxiliar y pasa a ser el núcleo inteligente de una plataforma de decisión.

CAPÍTULO 20. MLOPS E INTEGRACIÓN CONTINUA

A medida que los modelos de *machine learning* salen de la fase de prototipado y pasan a operar en entornos productivos, el desafío técnico deja de ser solo entrenar modelos precisos y pasa a ser sostenerlos con confiabilidad, escalabilidad y trazabilidad. La respuesta a ese desafío está en MLOps: una disciplina que aplica principios de ingeniería de software, DevOps y arquitectura de datos a la operacionalización de modelos de aprendizaje automático.

MLOps permite automatizar el ciclo de vida completo de un modelo — desde la preparación de los datos hasta su entrega continua en producción —, garantizando que los sistemas aprendan, evolucionen y se mantengan auditables. La integración con *pipelines* CI/CD, el versionado riguroso de modelos y datos, y el uso inteligente de infraestructura en la nube forman la base técnica de plataformas modernas de *machine learning* operativas.

Automatización de ciclos de entrenamiento y despliegue

La automatización del ciclo de *machine learning* comienza con la definición de etapas reproducibles. Entrenar un modelo implica ingestión de datos, preprocesamiento, *feature engineering*, definición de la arquitectura, validación cruzada, evaluación y persistencia del artefacto entrenado. Para operacionalizar esto, cada etapa debe estar encapsulada en unidades modulares con entradas y salidas bien definidas.

El uso de *pipelines* como abstracción permite esta modularidad:

python

```
from sklearn.pipeline import Pipeline
from sklearn.preprocessing import StandardScaler
from sklearn.ensemble import RandomForestClassifier


pipeline = Pipeline([
    ('escala', StandardScaler()),
    ('modelo', RandomForestClassifier(n_estimators=100))
])
pipeline.fit(X_train, y_train)
```

Al serializar el *pipeline* entrenado, se encapsula toda la lógica del entrenamiento:

python

```
import joblib
joblib.dump(pipeline, 'modelo_pipeline.pkl')
```

Para automatización, el uso de orquestadores como Airflow, Prefect o Kubeflow permite secuenciar tareas:

- Etapa 1: extracción de datos
- Etapa 2: transformación y limpieza

- Etapa 3: entrenamiento del modelo
- Etapa 4: validación y registro de métricas
- Etapa 5: registro y despliegue

Con Airflow:

python

```
from airflow import DAG

from airflow.operators.python import PythonOperator


with DAG('ml_pipeline', start_date=datetime(2023, 1, 1)) as dag:
    extrair = PythonOperator(task_id='extrair',
python_callable=extrair_dados)
    treinar = PythonOperator(task_id='treinar',
python_callable=treinar_modelo)
    publicar = PythonOperator(task_id='publicar',
python_callable=publicar_modelo)

    extrair >> treinar >> publicar
```

La automatización permite reentrenar modelos siempre que haya cambios en los datos o en la lógica, asegurando consistencia y continuidad operacional.

Versionado de modelos y datos

En MLOps, versionar modelos es tan crítico como versionar código. Esto involucra no solo el artefacto .pkl, sino también sus metadatos: métricas, hiperparámetros, entorno de ejecución, dataset utilizado y *timestamp*.

Plataformas como MLflow, DVC y Weights & Biases (W&B) ofrecen infraestructura para versionado estructurado.

Con MLflow:

python

```
import mlflow

with mlflow.start_run():
    mlflow.log_param('n_estimators', 100)
    mlflow.log_metric('accuracy', 0.91)
    mlflow.sklearn.log_model(pipeline, 'modelo_rf')
```

Cada experimento genera un *hash* único y almacena el contexto completo de la ejecución. Esto permite revertir versiones, comparar modelos, auditar decisiones y reproducir comportamientos.

El versionado de datos se realiza con DVC (Data Version Control), que rastrea archivos de datos grandes mediante metadatos livianos:

bash

```
dvc init
dvc add dados.csv
git add dados.csv.dvc .gitignore
git commit -m "Versionamento de dados"
```

Al emparejar DVC con Git, se garantiza la vinculación entre el *commit* del código y la versión de los datos, eliminando ambigüedades sobre los resultados de una ejecución.

Este control completo permite garantizar que el modelo actual fue entrenado con la versión exacta del dataset y de las *features* correspondientes, creando trazabilidad total.

CI/CD con plataformas como Jenkins y GitLab

La entrega continua de modelos exige integración con *pipelines* CI/CD, que validan, testean, empaquetan y publican el modelo automáticamente tras cada cambio significativo.

En GitLab CI, se define un archivo .gitlab-ci.yml que orquesta las etapas:

yaml

```
stages:
  - build
  - test
  - deploy


build_modelo:
  stage: build
  script:
    - python train.py
    - mlflow run .


testes:
  stage: test
  script:
    - pytest tests/


deploy:
```

```
stage: deploy
script:
  - dvc pull
  - python deploy.py
only:
  - main
```

En Jenkins, se utiliza el Jenkinsfile:

groovy

```groovy
pipeline {
  agent any
  stages {
    stage('Treinar') {
      steps {
        sh 'python train.py'
      }
    }
    stage('Testar') {
      steps {
        sh 'pytest'
      }
    }
    stage('Publicar') {
      steps {
        sh 'python deploy.py'
```

```
      }
    }
  }
}
```

Estos scripts permiten que el repositorio se vuelva un sistema autoejecutable. Al subir una nueva *branch*, Jenkins o GitLab ejecutan todos los tests y entrenan el nuevo modelo, publicándolo en entorno de *staging* o producción si es aprobado.

Con la integración continua, se reduce el riesgo de regresión, se automatiza la liberación de versiones y se garantiza consistencia entre entornos.

Escalamiento de recursos en la nube

La producción de modelos exige infraestructura elástica. Entrenamientos pueden durar horas y consumir múltiples GPUs, mientras que inferencias deben suceder en milisegundos, con alta disponibilidad.

Plataformas como AWS, GCP y Azure ofrecen servicios gestionados para escalar modelos con control granular de costo y rendimiento.

En AWS, SageMaker permite entrenar, validar, versionar y servir modelos con pocos comandos:

python

```
from sagemaker.sklearn import SKLearn


sklearn_estimator = SKLearn(entry_point='train.py',
```

```
        role='SageMakerRole',
        instance_type='ml.m5.large',
        framework_version='0.23-1')


sklearn_estimator.fit({'train': 's3://bucket/dataset'})
```

En GCP, Vertex AI realiza tareas equivalentes con soporte nativo a TensorFlow, Scikit-learn, XGBoost, PyTorch y AutoML.

El despliegue puede hacerse como API REST escalable:

python

```
from sagemaker.model import Model


modelo = Model(model_data='s3://bucket/model.tar.gz',
        role='SageMakerRole',
        entry_point='inferencia.py')


endpoint = modelo.deploy(initial_instance_count=2,
instance_type='ml.m5.large')
```

Para entornos con alto volumen de solicitudes, se utiliza autoescalamiento, caché, balanceo de carga y almacenamiento persistente para acelerar la inferencia y reducir costos.

La separación entre entornos de *staging*, predicción *batch* e inferencia *online* debe ser rigurosa, con políticas claras de *rollback*, monitoreo y auditoría.

Resolución de Errores Comunes

Error: "Pickle file cannot be loaded across Python versions"
Causa probable: Serialización del modelo en versión de Python incompatible.
Solución recomendada: Usar formatos como joblib, ONNX o MLflow con especificación de entorno.

Error: "No module named 'x'" en deploy
Causa probable: Dependencia ausente en el entorno de ejecución.
Solución recomendada: Empaquetar dependencias con requirements.txt o usar Docker con conda.yaml.

Error: "ResourceExhaustedError" al entrenar
Causa probable: Dataset muy grande o modelo muy profundo para la memoria disponible.
Solución recomendada: Reducir batch size, usar instancias mayores o aplicar checkpointing.

Error: "Data drift detected"
Causa probable: Cambio estadístico entre datos de entrenamiento y de producción.
Solución recomendada: Aplicar monitoreo de distribución y revalidación periódica.

Buenas Prácticas

- Encapsule toda la lógica de entrenamiento en scripts aislables y reejecutables.

- Registre cada experimento con métricas, artefactos, parámetros y *hashes* de código.

- Use contenedores con entorno reproducible (Docker) y control de versión de dependencias.

- Mantenga *pipelines* modulares con puntos de reutilización entre entrenamiento, test y despliegue.

- Automatice revalidaciones semanales o mensuales con *triggers* de datos o de tiempo.

- Evite *pipelines* acopladas. Permita que cada etapa evolucione por separado.

- Implemente alertas en producción con base en fallas de predicción, tiempo de respuesta y patrones fuera de lo esperado.

- Cree artefactos versionables, legibles y con documentación mínima embebida.

Resumen Estratégico

MLOps no es solo una tendencia. Es una exigencia estructural para que el *machine learning* funcione en entornos reales. Entrenar un buen modelo es solo el comienzo. Operacionalizar, monitorear, revalidar, versionar y entregar con consistencia es el verdadero trabajo de ingeniería.

La madurez de un sistema de IA no se mide solo por la precisión. Se mide por la confiabilidad con que ese sistema entrega valor continuamente, sin interrupciones, sin regresiones y con trazabilidad total.

Transformar notebooks en *pipelines*, scripts en APIs y modelos en productos exige disciplina técnica, automatización robusta y visión sistémica. MLOps es lo que vuelve la IA productiva. Es el eslabón entre el aprendizaje y el impacto. Y quien domina MLOps no solo entrega inteligencia. Entrega infraestructura viva de aprendizaje en producción.

CAPÍTULO 21. DEPLOY DE MODELOS CON FLASK Y FASTAPI

Construir modelos predictivos precisos es solo parte de la ecuación técnica. Para que la inteligencia generada por esos modelos pueda utilizarse de forma práctica, debe ser expuesta, accesible y activada con seguridad, escalabilidad y trazabilidad. El *deploy* de modelos vía APIs transforma predicciones en funcionalidades accesibles por sistemas externos, aplicaciones móviles, *dashboards*, rutinas automatizadas y servicios web.

Frameworks como Flask y FastAPI permiten encapsular la lógica de predicción en *endpoints* HTTP ligeros, documentados y escalables. La facilidad de integración, combinada con la estandarización de los flujos RESTful y la compatibilidad con contenedores, hace de estos frameworks herramientas fundamentales para el *deploy* de modelos de *machine learning* en entornos reales.

Este módulo presenta las estrategias técnicas para construcción, configuración, versionado y mantenimiento de APIs predictivas utilizando Flask y FastAPI, con énfasis en estructura, seguridad, observabilidad e integración con ambientes productivos.

Creación de endpoints para predicción

El primer paso para exponer un modelo vía API es encapsular su carga y su lógica de inferencia en una función accesible por una petición HTTP.

Con Flask:

python

```python
from flask import Flask, request, jsonify
import joblib

app = Flask(__name__)
modelo = joblib.load('modelo_pipeline.pkl')

@app.route('/predict', methods=['POST'])
def prever():
    datos = request.get_json()
    prediccion = modelo.predict([datos['features']])
    return jsonify({'resultado': int(prediccion[0])})
```

Con FastAPI:

python

```python
from fastapi import FastAPI
from pydantic import BaseModel
import joblib

app = FastAPI()
modelo = joblib.load('modelo_pipeline.pkl')

class Entrada(BaseModel):
    features: list
```

```
@app.post('/predict')
def prever(datos: Entrada):
    prediccion = modelo.predict([datos.features])
    return {'resultado': int(prediccion[0])}
```

La principal ventaja de FastAPI está en la validación automática de los datos vía pydantic, generación de documentación interactiva (Swagger) y soporte nativo a async.

Al ejecutar la aplicación con Uvicorn:

bash

```
uvicorn app:app --host 0.0.0.0 --port 8000
```

la API queda disponible para consumo. La interfaz /docs ofrece un panel visual para pruebas e inspección de los esquemas JSON de entrada y salida.

Endpoints adicionales pueden ser creados para:

- Verificar estado (/health)

- Obtener metadatos del modelo (/info)

- Procesar lote de predicciones (/predict_batch)

- Validar consistencia de entrada

La segmentación clara de los *endpoints* garantiza organización y modularidad en el acceso a la inteligencia embebida.

Configuración de servidores y contenedores

En producción, ejecutar una API directamente con el servidor embebido de Flask o FastAPI no es recomendable. Es necesario utilizar servidores robustos como Gunicorn o Uvicorn con *workers* gestionados.

Para Flask con Gunicorn:

bash

```
gunicorn app:app --bind 0.0.0.0:5000 --workers 4
```

Para FastAPI con Uvicorn:

bash

```
uvicorn app:app --host 0.0.0.0 --port 8000 --workers 4
```

La estandarización con Docker permite empaquetar toda la aplicación con sus dependencias:

Dockerfile

dockerfile

```
FROM python:3.9
WORKDIR /app
COPY requirements.txt .
RUN pip install -r requirements.txt
COPY . .
CMD ["uvicorn", "app:app", "--host", "0.0.0.0", "--port", "8000"]
```

Con docker build -t modelo-api . y docker run -p 8000:8000 modelo-api, la aplicación ya está lista para ser usada en cualquier infraestructura.

Para entornos distribuidos, el uso de orquestadores como Kubernetes permite escalabilidad automática, *load balancing*, *rolling updates* y tolerancia a fallos.

En *cloud providers* como AWS, GCP y Azure, el *deploy* puede realizarse vía ECS, EKS, App Engine, Cloud Run o Functions, dependiendo del tipo de *workload* y la política de escalado.

Integración de logs y métricas

Una API predictiva debe ser observable. Esto significa exponer logs, métricas y *health checks* que permitan monitorear la operación y detectar anomalías en tiempo real.

Logs estructurados capturan el histórico de llamadas:

python

```python
import logging


logging.basicConfig(level=logging.INFO)


@app.post('/predict')
def prever(datos: Entrada):
    logging.info(f"Petición recibida: {datos.features}")
    prediccion = modelo.predict([datos.features])
    logging.info(f"Resultado devuelto: {prediccion[0]}")
    return {'resultado': int(prediccion[0])}
```

Métricas como tiempo de respuesta, volumen de peticiones, códigos HTTP, tasa de error y uso de CPU pueden exponerse vía Prometheus:

python

```
from prometheus_client import Counter, Summary,
start_http_server


REQUESTS = Counter('total_peticiones', 'Número total de
peticiones')
TIEMPO = Summary('tiempo_ejecucion', 'Tiempo de ejecución
de la predicción')


@TIEMPO.time()
@app.post('/predict')
def prever(datos: Entrada):
    REQUESTS.inc()
    return {'resultado': int(modelo.predict([datos.features])[0])}
```

Con start_http_server(8001), esas métricas quedan disponibles para *scrape* y análisis continuo.

El uso de herramientas como Grafana, Kibana, ELK Stack, Loki y Datadog permite montar paneles de salud, alertas por email o Slack y análisis históricos del desempeño de la API.

Mantenimiento y versionado de APIs

Al evolucionar una API de predicción, es fundamental controlar versiones para no interrumpir sistemas clientes ni comprometer el rastreo de decisiones tomadas con versiones antiguas del modelo.

La estructura de versionado RESTful incluye el número de versión en el *endpoint*:

python

```python
@app.post('/v1/predict')
def prever_v1(...):

    ...


@app.post('/v2/predict')
def prever_v2(...):

    ...
```

Cada versión puede utilizar un modelo distinto, estructura de entrada diferente o lógica de inferencia personalizada. Esto permite la convivencia entre versiones y una transición controlada.

La documentación puede generarse automáticamente con FastAPI vía OpenAPI. En Flask, bibliotecas como Flasgger o Swagger-UI permiten el mismo efecto.

Para facilitar *rollback*, el *deploy* de modelos debe utilizar registro de artefactos versionados con *hashes* únicos. MLflow, DVC y SageMaker Model Registry son soluciones estructuradas para ese control.

También se recomienda que cada modelo en producción tenga un ID único, *metadata* asociada y scripts para validación regresiva.

El mantenimiento incluye:

- Pruebas unitarias de la lógica de la API con pytest

- Pruebas de contrato de entrada/salida

- Monitoreo de latencia

- Auditoría de llamadas para diagnóstico

- Actualización periódica de bibliotecas con seguridad y retrocompatibilidad

Resolución de Errores Comunes

Error: "AttributeError: 'NoneType' object has no attribute 'predict'"
Causa probable: Falla al cargar el modelo durante la inicialización.
Solución recomendada: Verificar rutas relativas y absolutas en la carga, y proteger la lógica con try/except.

Error: "TypeError: Object of type int64 is not JSON serializable"
Causa probable: Intento de retornar tipos NumPy directamente.
Solución recomendada: Convertir con int() antes de retornar objetos para jsonify().

Error: "Request entity too large"
Causa probable: Payload con entrada por encima del límite por defecto.
Solución recomendada: Aumentar el límite con app.config['MAX_CONTENT_LENGTH'].

Error: "CORS policy: No 'Access-Control-Allow-Origin' header"
Causa probable: API bloqueando llamadas desde orígenes diferentes.
Solución recomendada: Habilitar CORS con flask-cors o FastAPI CORSMiddleware.

Buenas Prácticas

- Cargue el modelo una única vez, en el ámbito global de la aplicación.

- Valide entradas con esquemas estrictos. Nunca confíe en datos externos sin verificación.

- Mantenga *endpoints* separados para predicción, estado y administración.

- Use versionamiento semántico en los caminos de la API y en los artefactos del modelo.

- Genere logs con contexto suficiente: *timestamp*, origen de la petición, ID de la predicción.

- Implemente pruebas automatizadas con *coverage* completo de la lógica.

- Maneje excepciones con retorno estandarizado de error y mensaje explicativo.

- Empaquete con Docker y pruebe localmente antes de subir a entornos gestionados.

Resumen Estratégico

Transformar modelos en APIs es transformar capacidad analítica en funcionalidad accesible. Es el eslabón entre el razonamiento estadístico y la ingeniería de producto. Una API bien construida permite que múltiples sistemas accedan, testeen y escalen predicciones en tiempo real, con control, seguridad y claridad.

Deploy no es solo publicar. Es garantizar disponibilidad, interpretar fallos, monitorear desempeño y evolucionar versiones sin impacto. Es ingeniería con visión de ciclo completo. Y quien domina ese ciclo transforma modelos en valor operacional continuo, con impacto directo en producto, decisión y resultado.

CAPÍTULO 22.
AUTOMATIZACIÓN DE TAREAS Y JOBS DE ML

Los proyectos de *machine learning* en entornos reales no terminan con el entrenamiento del modelo. La inteligencia debe mantenerse viva, monitoreada y continuamente actualizada. Esto exige más que código y modelado: exige automatización. *Jobs* recurrentes, alertas proactivas, reprocesamientos y generación de reportes son tareas esenciales para garantizar que los modelos sigan siendo relevantes, seguros y eficaces con el paso del tiempo.

La automatización de tareas y la orquestación de *pipelines* son componentes fundamentales de la arquitectura de *machine learning* operacional. Desde scripts simples agendados con cron hasta orquestadores robustos como Apache Airflow, Prefect y Dagster, la ingeniería moderna de ML necesita estructurar flujos inteligentes, reproducibles y monitoreables.

Este módulo presenta un enfoque técnico y aplicado para la automatización de *pipelines* y tareas de ML con foco en cron, orquestación con Airflow, generación de reportes automatizados, monitoreo de *jobs* y reentrenamiento programado, con énfasis en la claridad estructural, estabilidad y mantenimiento continuo.

Cron, Airflow y orquestación de flujos

Cron es el planificador estándar de tareas en sistemas

Unix. Ideal para ejecuciones locales simples, como scripts de entrenamiento, preprocesamiento o carga de reportes. Su sintaxis permite definir intervalos regulares:

bash

```
# Ejecuta el script de entrenamiento todos los días a las 3h
0 3 * * * /usr/bin/python3 /proyectos/entrenar_modelo.py >> /logs/entrenamiento.log 2>&1
```

Para entornos más complejos y *pipelines* con múltiples etapas, dependencias, reprocesamientos y control de fallos, se utiliza Airflow. Permite modelar cada *job* como una tarea dentro de un DAG (*Directed Acyclic Graph*), con programación automática, monitoreo visual, reejecución manual y alertas nativas.

Instalación básica:

bash

```
pip install apache-airflow
airflow db init
airflow users create --username admin --role Admin --email admin@email.com --firstname Admin --lastname User --password admin
airflow webserver --port 8080
airflow scheduler
```

Un DAG de *pipeline* de ML en Airflow sigue el patrón siguiente:

python

```
from airflow import DAG
from airflow.operators.python import PythonOperator
from datetime import datetime
```

```python
def extraer():
    ...


def entrenar():
    ...


def publicar():
    ...


with DAG(dag_id='ml_pipeline',
         start_date=datetime(2024, 1, 1),
         schedule_interval='0 3 * * *',
         catchup=False) as dag:

    etapa_extraer = PythonOperator(task_id='extraer_datos',
    python_callable=extraer)
    etapa_entrenar =
    PythonOperator(task_id='entrenar_modelo',
    python_callable=entrenar)
    etapa_publicar =
    PythonOperator(task_id='publicar_modelo',
    python_callable=publicar)

    etapa_extraer >> etapa_entrenar >> etapa_publicar
```

Cada función encapsula una etapa del *pipeline*. Airflow garantiza ejecución ordenada, *logs* detallados, *retries* en caso de fallo y *triggers* manuales. Puede integrarse con S3, GCS, BigQuery, Snowflake, APIs REST y scripts locales con gran facilidad.

En entornos más modernos, Prefect ofrece una sintaxis más ligera, programación dinámica de tareas y ejecución distribuida con programación flexible.

Generación de reportes y alertas automatizadas

Los reportes técnicos y gerenciales son parte esencial de la operación de *machine learning*. La generación automatizada de esos reportes garantiza transparencia, auditabilidad y comunicación continua entre la inteligencia técnica y la operación del negocio.

La estructura estándar de un reporte incluye:

- Rendimiento actual del modelo (precisión, f1, pérdida)

- Comparación con versiones anteriores

- Cambios en los datos de entrada

- Frecuencia de uso de la API

- Alertas de degradación

Con Jupyter + nbconvert, es posible generar reportes PDF o HTML agendados vía cron:

bash

```
jupyter nbconvert --execute reporte_modelo.ipynb --to html --
output reporte_diario.html
```

Con Python + ReportLab o Pandas + Matplotlib, los reportes pueden ser construidos directamente en PDF o Excel:

python

```python
import pandas as pd
df = pd.read_csv('resultados.csv')
df.to_excel('reporte_modelo.xlsx')
```

Para alertas automáticas, se integra el *pipeline* con servicios como:

- Email (vía smtplib)

- Slack (vía Webhooks)

- Discord

- Microsoft Teams

- API de incidentes (PagerDuty, Opsgenie)

Una alerta por email:

python

```python
import smtplib
from email.message import EmailMessage
```

```
msg = EmailMessage()

msg['Subject'] = 'Alerta: caída en la precisión'

msg['From'] = 'monitor@empresa.com'

msg['To'] = 'equipo@empresa.com'

msg.set_content('La precisión cayó por debajo del umbral
configurado.')


with smtplib.SMTP('smtp.empresa.com') as server:

    server.send_message(msg)
```

El envío puede ser embebido al final del DAG de Airflow, activado condicionalmente o disparado por fallos.

Monitoreo de pipelines en producción

Monitorear el comportamiento de *pipelines* y *jobs* agendados es fundamental para garantizar confianza y estabilidad. Métricas críticas incluyen:

- Éxito o fallo de la ejecución

- Tiempo de duración por etapa

- Volumen de datos procesados

- Resultados de las métricas de desempeño del modelo

- Uso de recursos (CPU, memoria, disco, GPU)

Airflow muestra paneles nativos con histórico de ejecuciones, gráficos de Gantt y *logs* individuales. Además, permite configurar notificaciones por correo o webhook para fallos.

Con Prometheus + Grafana, es posible exponer métricas de scripts y APIs:

python

```
from prometheus_client import start_http_server, Summary


tiempo_ejecucion = Summary('tiempo_pipeline', 'Tiempo de ejecución del pipeline')


@tiempo_ejecucion.time()
def pipeline_ml():

    ...

```

En Grafana, se definen paneles para alertar en caso de picos de duración, fallos consecutivos o degradación de métricas predictivas.

La integración con *logs* estructurados (ELK Stack) y trazabilidad distribuida (OpenTelemetry) mejora la visibilidad y la correlación de eventos en *pipelines* complejos.

La operación debe prever verificación activa de dependencias (pruebas de conexión con fuentes, validación de *schema*, consistencia de particiones) y monitoreo continuo del comportamiento de los datos (*data drift*, *outliers*, sparsidad, *nulls*).

Programación de reentrenamiento y actualización

Los modelos en producción se degradan con el tiempo. Los datos cambian, el comportamiento del usuario evoluciona, las reglas de negocio se modifican. Automatizar el reentrenamiento es la clave para mantener relevancia sin intervención humana continua.

Las estrategias de reentrenamiento incluyen:

- Programación por tiempo (diario, semanal, mensual)

- Disparo por cantidad de nuevos datos

- Disparo por degradación detectada en las métricas

- Disparo por cambio significativo en el perfil de los datos

En Airflow:

python

```python
def evaluar_necesidad():
    if nueva_base_disponible() and precision_actual < 0.85:
        return 'entrenar_modelo'
    return 'fin'


evaluar = BranchPythonOperator(
    task_id='evaluar_reentrenamiento',
    python_callable=evaluar_necesidad,
    dag=dag
)
```

Este tipo de control evita trabajo innecesario y garantiza que el modelo sea reevaluado solo cuando haya evidencia de necesidad.

Además del entrenamiento, la publicación y sustitución del modelo activo deben ser estructuradas para:

- Sustituir *endpoints* sin tiempo de inactividad (*zero downtime*)

- Registrar nuevo modelo y métricas

- Versionar artefacto e histórico de producción

- Mantener *rollback* accesible

Lo ideal es que todo el ciclo – desde la llegada de nuevos datos hasta el *deploy* de un nuevo modelo – pueda ejecutarse de punta a punta de forma programada, validada y auditable.

Resolución de Errores Comunes

Error: "Task failed with exit code 1" en Airflow
Causa probable: Script con excepción silenciosa o fallo en dependencia externa.
Solución recomendada: Active *logs* detallados con logging y use try/except con mensajes explícitos.

Error: "Cron job not executing"
Causa probable: Fallo de permisos, *path* incorrecto de Python o script.

Solución recomendada: Use rutas absolutas y redireccione *logs* con $2 > \& 1$.

Error: "Broken DAG"
Causa probable: Error de sintaxis o importación al cargar archivo .py en Airflow.
Solución recomendada: Pruebe localmente con airflow tasks test nombre_dag nombre_task fecha.

Error: "Dataset is not updated"
Causa probable: *Pipeline* ejecutado sin nueva partición o actualización real de datos.
Solución recomendada: Añada verificaciones de cambio incremental en la ingesta.

Buenas Prácticas

- Modele *pipelines* como DAGs modulares con reutilización de tareas en diferentes flujos.

- Separe lógica de negocio y lógica de orquestación. Los scripts deben ser reutilizables y testeables de forma independiente.

- Almacene *logs* estructurados con *timestamp*, *task_id*, estado y duración.

- Documente todos los agendamientos con frecuencia, responsable y dependencias.

- Aplique validaciones de integridad de datos antes de cualquier entrenamiento o ingesta.

- Use herramientas de *linters* y pruebas unitarias también en los scripts de automatización.

- Monitoree anomalías de comportamiento y no solo fallos binarios.

- Mantenga histórico de ejecuciones con metadatos, tiempo y resultados.

Resumen Estratégico

Automatizar tareas y orquestar flujos es lo que transforma modelos de *machine learning* en sistemas vivos, reactivos y adaptables. Es lo que garantiza que el aprendizaje evolucione con los datos, que la inteligencia permanezca actualizada y que el sistema opere con autonomía.

La disciplina de la automatización exige no solo herramientas técnicas, sino mentalidad de ingeniería continua. Cada *job* agendado es un punto de inteligencia operando sin intervención. Cada DAG bien estructurado es una pieza de arquitectura confiable en producción.

Orquestar *pipelines* no es solo conectar scripts. Es construir una línea de producción de aprendizaje. Y mantener esa línea operando con eficiencia, claridad y confianza es lo que separa modelos puntuales de sistemas realmente inteligentes.

CAPÍTULO 23. ANÁLISIS DE SERIES TEMPORALES

Las series temporales son conjuntos de datos secuenciales organizados en función del tiempo. Su naturaleza impone dependencia entre observaciones, estacionalidades, tendencia, ciclos y variaciones irregulares. Esta estructura exige enfoques específicos para modelado, predicción y validación. Dominar el análisis temporal es esencial para sectores como finanzas, logística, energía, salud, comercio, meteorología y monitoreo industrial.

La ingeniería de series temporales va más allá de la previsión. Permite entender el comportamiento dinámico, detectar rupturas, simular escenarios futuros y tomar decisiones basadas en patrones que se revelan en el tiempo. Modelos clásicos como ARIMA, SARIMA y ETS siguen siendo pilares, mientras que redes neuronales y arquitecturas especializadas como LSTM, TCN y Transformers expandidos por *embeddings* temporales ganan protagonismo en aplicaciones más complejas.

Este módulo explora la ingeniería práctica para análisis de series temporales, incluyendo preparación de datos, modelado con estadística clásica y *deep learning*, estrategias de *forecasting* y estructuración de *pipelines* robustos con métricas confiables.

Preparación de datos temporales y agregaciones

La preparación adecuada de los datos es determinante para la eficacia del análisis temporal. Las etapas iniciales involucran:

- Conversión de la columna temporal a formato datetime

- Ordenación cronológica

- Definición de frecuencia (diaria, mensual, semanal, horaria)

- Tratamiento de valores ausentes y duplicados

- Generación de variables estacionales y temporales auxiliares

python
```
import pandas as pd

df['data'] = pd.to_datetime(df['data'])
df = df.sort_values('data')
df = df.set_index('data').asfreq('D')
```

Al re-muestrear la serie, se utilizan métodos como media, suma, conteo o último valor del día:

python
```
serie_diaria = df['valor'].resample('D').mean()
serie_mensual = df['valor'].resample('M').sum()
```

El llenado de lagunas puede hacerse con interpolación o propagación:

python

```python
serie_diaria = serie_diaria.interpolate(method='time')
```

La creación de *features* derivadas mejora la capacidad predictiva. Ejemplos comunes:

python

```python
df['dia'] = df.index.day
df['mes'] = df.index.month
df['dia_semana'] = df.index.dayofweek
df['is_fim_semana'] = df['dia_semana'] >= 5
```

Las variables rezagadas son esenciales para modelos supervisados:

python

```python
df['lag_1'] = df['valor'].shift(1)
df['media_7d'] = df['valor'].rolling(7).mean()
```

Estas ventanas capturan patrones locales y ayudan a modelar la dependencia temporal.

Modelos clásicos (ARIMA, SARIMA, ETS)

El modelado clásico parte del supuesto de que la serie puede describirse por componentes de tendencia, estacionalidad y ruido. El modelo ARIMA (*AutoRegressive Integrated Moving Average*) combina tres elementos:

- AR: dependencia de valores pasados

- I: integración (diferencia) para remover tendencia

- MA: dependencia de los residuos pasados

python

```python
from statsmodels.tsa.arima.model import ARIMA


modelo = ARIMA(df['valor'], order=(2,1,2))
ajustado = modelo.fit()
previsao = ajustado.forecast(steps=10)
```

El SARIMA amplía el ARIMA para considerar estacionalidad explícita:

python

```python
from statsmodels.tsa.statespace.sarimax import SARIMAX


modelo = SARIMAX(df['valor'], order=(1,1,1),
seasonal_order=(1,1,0,12))
ajustado = modelo.fit()
```

El ETS (*Error, Trend, Seasonality*) modela los componentes por separado:

python

```python
from statsmodels.tsa.holtwinters import
ExponentialSmoothing


modelo = ExponentialSmoothing(df['valor'], trend='add',
```

```
seasonal='add', seasonal_periods=12)
ajustado = modelo.fit()
```

Estos modelos son robustos para series univariadas con patrones regulares, de fácil interpretación y baja complejidad computacional. Sin embargo, tienen limitaciones con datos con múltiples factores externos o irregularidades.

La elección de los parámetros se hace por AIC, BIC o validación con datos separados. La descomposición de series auxilia en el diagnóstico:

python

```
from statsmodels.tsa.seasonal import seasonal_decompose

decomposicao = seasonal_decompose(df['valor'],
model='additive')
decomposicao.plot()
```

Modelos basados en redes neuronales para *time series*

Para series multivariadas, relaciones no lineales y dependencias de largo plazo, las redes neuronales ofrecen mayor flexibilidad. La arquitectura más utilizada es LSTM (*Long Short-Term Memory*), diseñada para capturar dependencia secuencial con persistencia de estados.

python

```
from keras.models import Sequential
from keras.layers import LSTM, Dense

modelo = Sequential()
```

```
modelo.add(LSTM(50, activation='relu', input_shape=(10,1)))
modelo.add(Dense(1))
modelo.compile(optimizer='adam', loss='mse')
modelo.fit(X_train, y_train, epochs=50)
```

Los datos deben ser formateados como ventanas de entrada (X) y salida (y), con X.shape = (muestras, pasos de tiempo, características).

Para múltiples series con estructura compartida, se utiliza *TimeSeriesGenerator*:

python

```
from keras.preprocessing.sequence import
TimeseriesGenerator


gerador = TimeseriesGenerator(serie, serie, length=10,
batch_size=32)
```

Además del LSTM, arquitecturas como *Temporal Convolutional Networks* (TCN) y *Transformers* adaptados a la dimensión temporal ofrecen mejoras en series de alta granularidad o multivariadas con retardo.

Modelos como DeepAR, N-BEATS e Informer han sido aplicados con éxito en *forecast* escalable con múltiples series paralelas.

Para aplicaciones con pocos datos o sin GPU, Prophet de Meta ofrece un enfoque aditivo con estructura simple:

python

```
from prophet import Prophet
```

```
df_prophet = df.reset_index().rename(columns={'data': 'ds',
'valor': 'y'})
modelo = Prophet()
modelo.fit(df_prophet)
futuro = modelo.make_future_dataframe(periods=30)
previsao = modelo.predict(futuro)
```

Forecasting y evaluación de resultados

La previsión de series temporales puede ser:

- *One-step ahead*: una previsión por vez con *lag* fijo

- *Multi-step direct*: múltiples previsiones independientes

- *Multi-step recursive*: usar la previsión como entrada para la siguiente

La evaluación se hace con métricas específicas para previsión continua:

- MAE – *Mean Absolute Error*

- RMSE – *Root Mean Square Error*

- MAPE – *Mean Absolute Percentage Error*

python
```
from sklearn.metrics import mean_absolute_error,
```

mean_squared_error

```
mae = mean_absolute_error(y_test, previsao)
rmse = mean_squared_error(y_test, previsao, squared=False)
```

Para series con estacionalidad, utilizar métricas que penalicen desviaciones en períodos críticos es recomendable.

La validación temporal debe preservar el orden de los datos. Se usa *walk-forward validation*, donde el modelo se ajusta y prueba en ventanas deslizantes:

python

```
for i in range(10, len(df)):
    treino = df[:i]
    teste = df[i:i+1]
    ...
```

Este método evalúa la capacidad real de generalización del modelo en escenarios productivos con datos futuros.

Resolución de Errores Comunes

Error: "ValueError: non-invertible starting MA parameters found"
Causa probable: Orden incorrecto en el modelo ARIMA.
Solución recomendada: Use auto_arima() de la biblioteca pmdarima para estimar parámetros.

Error: "NaN values after resample or shift"
Causa probable: Fallo al llenar lagunas.
Solución recomendada: Use interpolate() o fillna(method='ffill') antes del modelado.

Error: "Input shape mismatch in LSTM"
Causa probable: Datos mal formateados como tensor 3D.
Solución recomendada: Verifique X.reshape(muestras, ventanas, características).

Error: "Cannot reindex from a duplicate axis"
Causa probable: Índices duplicados en la columna temporal.
Solución recomendada: Use df = df[~df.index.duplicated()] para eliminar duplicados.

Buenas Prácticas

- Siempre visualice la serie completa antes de modelar. Tendencia, ruido y rupturas deben ser diagnosticadas.

- Normalice los datos al usar redes neuronales. Las funciones de activación son sensibles a la escala.

- Nunca mezcle aleatoriamente datos temporales. Preserve el orden en entrenamiento, validación y prueba.

- Utilice ventanas deslizantes con *buffer* para previsiones múltiples con dependencia realista.

- Modele variables externas (clima, precio, campañas) como exógenas en modelos estadísticos o como *features* en modelos neuronales.

- En series muy ruidosas, combine media móvil con LSTM para estabilizar la entrada.

- Monitoree la previsión acumulada en horizonte largo. Pequeños errores por paso se propagan.

- Documente la granularidad, frecuencia, lagunas, métricas, ventanas y forma de previsión.

Resumen Estratégico

Analizar series temporales es dominar el tiempo con estructura. Cada punto no es solo un valor, es parte de una historia. Modelos eficaces capturan esa historia, extraen patrones y proyectan el futuro con base en el pasado. En entornos productivos, la predictibilidad es un activo estratégico.

La ingeniería temporal exige preparación detallada, elección cuidadosa de modelos y validación estructurada. Los clásicos ofrecen robustez, los neuronales traen flexibilidad. La elección entre ellos depende del volumen de datos, la complejidad de la serie y la precisión requerida.

Modelar en el tiempo es más que predecir. Es interpretar la dinámica, comprender la estacionalidad, anticipar rupturas y dar claridad a lo que aún no ha ocurrido. Es transformar el pasado en estructura de decisión futura.

CAPÍTULO 24. BIG DATA E INTEGRACIÓN CON SPARK

Los proyectos de *machine learning* y análisis de datos a escala real exigen procesamiento distribuido, paralelización de tareas y manipulación de grandes volúmenes de datos con eficiencia. Apache Spark se ha convertido en el motor dominante en este escenario por su flexibilidad, velocidad y capacidad de integrar procesamiento *batch*, *streaming* e interactivo con soporte para múltiples lenguajes, incluyendo Python, vía PySpark.

Spark abstrae el procesamiento distribuido en estructuras como RDDs y DataFrames, permitiendo la construcción de *pipelines* de transformación en *cluster* con miles de nodos. Su arquitectura en memoria, optimizaciones con DAGs y motor de ejecución resiliente lo convierten en ideal para análisis en grandes volúmenes, integración con Hadoop, ejecución de consultas SQL distribuidas y entrenamiento de modelos con MLlib.

Este módulo presenta los fundamentos de la integración con Spark vía PySpark, estructuración de transformaciones y acciones a gran escala, ajustes de rendimiento, integración con ecosistemas como HDFS y Hive, y prácticas robustas para ingeniería de datos en entornos distribuidos.

Conceptos de RDD, DataFrame y SQL

El núcleo de la abstracción de Spark está en los RDDs (*Resilient Distributed Datasets*), estructuras inmutables y tolerantes a fallos que representan colecciones de datos distribuidas en múltiples nodos.

Creación de un RDD:

python

```
from pyspark import SparkContext

sc = SparkContext()
rdd = sc.parallelize([1, 2, 3, 4])
```

Los RDDs permiten operaciones funcionales como map, filter, reduce y flatMap:

python

```
rdd.map(lambda x: x * 2).filter(lambda x: x > 4).collect()
```

Aunque potentes, los RDDs exigen manipulación manual de *schema* y tipos. Por eso, se introdujo la API de DataFrame, trayendo estructura tabular, tipado, optimizaciones automáticas e interoperabilidad con SQL:

python

```
from pyspark.sql import SparkSession

spark = SparkSession.builder.appName("bigdata").getOrCreate()
df = spark.read.csv('dados.csv', header=True, inferSchema=True)
```

Los DataFrames permiten manipulaciones similares a las de Pandas:

python

```
df.filter(df['idade'] > 30).groupBy('profissao').count().show()
```

Para consultas más complejas, SparkSQL expande el análisis con comandos declarativos:

python

```
df.createOrReplaceTempView("pessoas")

spark.sql("SELECT profissao, AVG(salario) FROM pessoas GROUP BY profissao").show()
```

La flexibilidad entre APIs permite alternar entre operaciones funcionales, expresiones SQL y transformaciones por UDFs (*User Defined Functions*).

Transformaciones y acciones a gran escala

Las transformaciones en Spark son perezosas (*lazy evaluation*). Esto significa que las operaciones encadenadas no se ejecutan inmediatamente, sino que se acumulan como un plan de ejecución que se activa solo con una acción final.

Transformaciones comunes:

python

```
df = df.withColumn('salario_ajustado', df.salario * 1.1)

df = df.dropna()

df = df.withColumnRenamed('data_nasc', 'nascimento')
```

Acciones que disparan la ejecución:

- show(): muestra el contenido

- collect(): trae todos los datos al *driver*

- count(): retorna el número de registros

- write: exporta los datos

python

```
df.write.mode('overwrite').parquet('saida.parquet')
```

Las operaciones deben ser estructuradas con atención al movimiento de datos. Evitar collect() en grandes volúmenes previene desbordes de memoria en el nodo central.

Las transformaciones encadenadas deben acortarse con persistencia intermedia cuando sea necesario:

python

```
df = df.filter(df['ano'] >= 2020).persist()
```

Esta persistencia evita reejecuciones de etapas pesadas y mejora el rendimiento en acciones múltiples subsecuentes.

Las operaciones de join a escala deben usar broadcast para conjuntos pequeños:

python

```
from pyspark.sql.functions import broadcast

df_join = df1.join(broadcast(df2), on='id')
```

Estas precauciones evitan *shuffle* innecesarios y reducen

cuellos de botella en el plan de ejecución.

Optimización de *jobs* y ajuste de configuraciones

El rendimiento de Spark depende de una configuración equilibrada entre CPU, memoria, particiones y volumen de datos. Los parámetros críticos incluyen:

- spark.executor.memory: **define la RAM por ejecutor**

- spark.executor.cores: **número de hilos por ejecutor**

- spark.sql.shuffle.partitions: **número de particiones para agregaciones y *joins***

- spark.driver.memory: **memoria del nodo principal**

Al tratar con datos extensos:

python

```
spark.conf.set("spark.sql.shuffle.partitions", "200")
```

El particionado explícito de datos puede mejorar la paralelización:

python

```
df = df.repartition(100, 'categoria')
```

Para análisis de rendimiento, se usa explain():

python

```
df.groupBy('grupo').agg({'valor': 'sum'}).explain(True)
```

Esto muestra el plan físico de ejecución, indicando dónde ocurren *shuffle*, lectura secuencial o *broadcast*.

Ajustes adicionales incluyen:

- *Cache* inteligente con persist(StorageLevel.MEMORY_AND_DISK)

- Compresión de archivos con Parquet + Snappy

- Combinación de archivos pequeños en lotes grandes para reducir *overhead*

La asignación correcta de recursos se prueba empíricamente con *benchmarking*, usando muestras representativas de la carga real.

Conexión con Hadoop y ecosistemas distribuidos

Spark se integra nativamente con el ecosistema Hadoop. Al ejecutarse sobre YARN, los *jobs* Spark comparten el *cluster* con otros servicios y respetan políticas de asignación de recursos centralizadas.

La lectura de datos del HDFS se realiza directamente:

python

```
df = spark.read.parquet("hdfs://namenode:9000/dados/
```

parquet/")

Otras fuentes soportadas:

- Hive: con soporte a metastore

- Cassandra: con conector nativo

- Kafka: vía spark-sql-kafka

- Delta Lake: con transacciones ACID

Con Hive:

python

```
spark.sql("CREATE TABLE IF NOT EXISTS vendas (id INT, valor DOUBLE)")
spark.sql("SELECT * FROM vendas WHERE valor > 500")
```

Para ingestión en tiempo real, Spark Structured Streaming permite procesar flujos continuos:

python

```
df_stream =
spark.readStream.format("kafka").option("subscribe",
"topico").load()
```

Los resultados pueden ser grabados en sistemas de archivos, bases de datos o paneles de visualización. El control de *checkpointing* y *watermarks* asegura consistencia en los datos en flujo.

Esta integración transforma a Spark en un núcleo de procesamiento masivo con conectividad total a sistemas OLAP, OLTP y de eventos.

Resolución de Errores Comunes

Error: "Stage failed due to task not serializable"
Causa probable: Objeto Python no serializable incluido en función del Spark.
Solución recomendada: Mantenga solo tipos nativos y evite uso de objetos externos en map, UDF.

Error: "OutOfMemoryError: GC overhead limit exceeded"
Causa probable: Volumen de datos muy alto en un ejecutor.
Solución recomendada: Aumentar memoria del ejecutor o particionar mejor los datos.

Error: "Job aborted due to stage failure"
Causa probable: Falla en una de las particiones.
Solución recomendada: Verifique si hay valores nulos, divisiones por cero o datos corruptos.

Error: "Cannot broadcast the table"
Causa probable: Tamaño de la tabla auxiliar excede el límite de *broadcast*.
Solución recomendada: Usar *join* normal o reducir el volumen de la tabla auxiliar.

Buenas Prácticas

- Comience con una muestra del *dataset* antes de procesar

la base completa.

- Use .select() explícitamente para evitar lectura de columnas innecesarias.

- Evite encadenamiento excesivo sin persistencia intermedia. Use cache() con estrategia.

- Prefiera formatos como Parquet y ORC para lectura y escritura. Son binarios, comprimidos y columnares.

- Utilice broadcast en *joins* con tablas pequeñas y estáticas.

- Haga *tuning* de shuffle.partitions según el *cluster*.

- Siempre monitoree *jobs* vía Spark UI y revise el DAG de ejecución.

- Documente configuraciones de ambiente, número de *workers*, tamaño de memoria y volumen de datos.

Resumen Estratégico

Spark no es solo una herramienta de procesamiento distribuido. Es una plataforma de ingeniería de datos a gran escala, con flexibilidad para análisis, modelado, ETL, *stream* y *machine learning* en *cluster*. Su poder está en la capacidad de escalar lógica, no solo volumen.

Trabajar con Spark exige dominio de la arquitectura distribuida, comprensión del impacto de cada transformación y habilidad para optimizar *jobs* con equilibrio entre paralelismo, memoria y consistencia. Es ingeniería aplicada a la escala.

Al integrar Spark con sistemas como Hadoop, Hive, Kafka y bases de datos distribuidas, se construye un ecosistema que no solo almacena datos, sino que transforma datos en decisiones de forma continua, rápida y sostenible. Ingeniería de *big data* no es solo mover datos. Es orquestar inteligencia sobre ellos. En producción. A escala. Con control.

CAPÍTULO 25. MONITOREO Y TUNING DE MODELOS EN PRODUCCIÓN

Mantener un modelo en producción no es un estado final. Es un ciclo continuo de observación, diagnóstico, ajuste y revalidación. Un modelo desplegado sin monitoreo se vuelve rápidamente obsoleto, impreciso o incluso peligroso. El rendimiento predictivo se degrada con el tiempo, fenómeno conocido como *model decay*, causado por cambios en el comportamiento de los datos, contextos de negocio y entorno operacional.

El monitoreo de modelos es una disciplina que exige estructura técnica rigurosa. Involucra métricas continuas, *logs* instrumentados, comparación con versiones anteriores, alertas en tiempo real, detección de *drift*, prueba de impacto con usuarios reales y *retuning* automático o asistido. El objetivo es garantizar que el modelo continúe entregando valor bajo las mismas condiciones que lo hicieron viable en el momento de la validación.

Este módulo detalla la ingeniería necesaria para monitorear, ajustar y evolucionar modelos de *machine learning* en producción, cubriendo herramientas, métricas, pruebas controladas, técnicas de *tuning* y estrategias de revalidación con enfoque técnico y operacional.

Métricas de *drift* y revalidación continua

Las métricas de *drift* se utilizan para identificar cambios en la distribución de los datos de entrada (*input drift*), en los patrones del *target* (*concept drift*) o en el comportamiento de la predicción (*prediction drift*). Estos cambios pueden volver inadecuado al modelo incluso si aún opera técnicamente.

Las principales técnicas de detección incluyen:

- KS Test (Kolmogorov-Smirnov)

- PSI (*Population Stability Index*)

- Divergencia de Jensen-Shannon

- Divergencia de Kullback-Leibler

- Media móvil de la diferencia de distribución

python
```
from scipy.stats import ks_2samp

stat, p_valor = ks_2samp(distribuicao_treino, distribuicao_entrada)
if p_valor < 0.05:
    print("Drift detectado")
```

El PSI se utiliza para verificar estabilidad entre variables continuas:

python
```
import numpy as np
```

```python
def psi(baseline, atual, buckets=10):
    quantis = np.percentile(baseline, np.linspace(0, 100,
buckets + 1))
    baseline_hist = np.histogram(baseline, bins=quantis)[0] /
len(baseline)
    atual_hist = np.histogram(atual, bins=quantis)[0] /
len(atual)
    return np.sum((baseline_hist - atual_hist) *
np.log(baseline_hist / atual_hist))
```

Valores de PSI por encima de 0.2 indican inestabilidad severa y necesidad de reentrenamiento.

La revalidación continua implica comparar predicciones actuales con *targets* reales y medir la degradación:

python

```python
from sklearn.metrics import accuracy_score


acuracia_atual = accuracy_score(y_real, y_predito)
if acuracia_atual < 0.8:
    print("Desempenho abaixo do esperado, avaliar retraining")
```

Estas métricas deben ser monitoreadas con ventanas móviles, permitiendo comparaciones con históricos y detección de rupturas.

Herramientas de observabilidad y *logging* inteligente

La observabilidad de modelos implica registrar, exponer

y visualizar datos de entrada, salida, métricas y eventos relacionados a las predicciones.

Los *logs* estructurados deben contener:

- *timestamp*

- versión del modelo

- datos de entrada resumidos

- predicción

- *score*

- latencia

- usuario o sistema origen

- identificador de la solicitud

python

```python
import logging
import json

log = {
    "modelo_versao": "1.3.7",
    "timestamp": "2025-01-01T10:45:12",
    "entrada": {"idade": 42, "salario": 3500},
    "predicao": "inadimplente",
    "score": 0.87,
```

```
    "latencia_ms": 65
}
```

logging.info(json.dumps(log))

Los *logs* deben ser enviados a herramientas como:

- ELK Stack (Elasticsearch + Logstash + Kibana)

- Datadog

- Prometheus + Grafana

- Amazon CloudWatch

- Google Cloud Logging

Además de los *logs*, la telemetría del modelo debe capturar:

- número de predicciones por intervalo

- porcentaje por clase predicha

- tiempo promedio de respuesta

- tasa de error (*timeouts*, entradas inválidas, excepciones)

- uso de recursos (CPU, memoria, GPU)

Con Prometheus:

python

```
from prometheus_client import Counter, Histogram


predicoes_total = Counter('predicoes_total', 'Total de predições
feitas')
tempo_inferencia = Histogram('latencia_inferencia', 'Tempo
da inferência')


@tempo_inferencia.time()
def inferir():
    predicoes_total.inc()
    return modelo.predict(...)
```

Estas métricas son accedidas por paneles en tiempo real, con alertas por *thresholds* de latencia, desbalance, error o *drift*.

A/B testing y *deploy* canario

Para validar nuevos modelos, técnicas como A/B testing y *deploy* canario permiten probar en producción de forma controlada, reduciendo riesgos.

El A/B testing divide el tráfico en dos grupos. Uno usa el modelo actual (control) y otro el nuevo modelo (variación). La comparación entre ellos se hace por métricas de negocio, como conversión, retención, satisfacción o lucro.

Ejemplo de *routing* por *hash*:

python

```
def rotear_modelo(id_usuario):
```

```python
if hash(id_usuario) % 2 == 0:
    return modelo_v1.predict(...)
else:
    return modelo_v2.predict(...)
```

Los resultados de cada grupo deben ser almacenados por separado para análisis estadístico. La prueba debe seguir rigurosidad experimental: aleatoriedad, control de variables y tiempo de exposición suficiente.

El *deploy* canario libera gradualmente la nueva versión del modelo para un pequeño porcentaje de usuarios:

python

```python
percentual_canario = 0.05
if random.random() < percentual_canario:
    return modelo_novo.predict(...)
else:
    return modelo_antigo.predict(...)
```

La estrategia permite monitorear impacto real con *rollback* instantáneo en caso de anomalía.

Las fases típicas del canario:

- 5% de tráfico por 24h

- 25% con monitoreo intensivo

- 100% tras validación completa

Esta estructura evita sorpresas en producción y garantiza transición segura entre versiones.

Ajustes de performance y escalabilidad

Mantener la latencia y eficiencia de los modelos bajo control exige *tuning* de la arquitectura de inferencia, paralelismo y asignación de recursos.

Acciones comunes para *tuning*:

- Cuantización del modelo para reducir tamaño (ej: torch.quantization)

- Conversión a formatos optimizados (ONNX, TensorRT)

- *Cache* de predicciones recientes con Redis o memoria local

- Paralelización por *threads* o procesos con Gunicorn, Uvicorn, Ray

- *Deploy* asíncrono con FastAPI + asyncio

Ejemplo de inicialización con múltiples *workers*:

bash

```
gunicorn app:app -w 4 -k uvicorn.workers.UvicornWorker
```

La escalabilidad horizontal se hace vía replicación con Kubernetes y autoescalado por CPU o tiempo de respuesta. El balanceador de carga debe distribuir solicitudes según peso, versión o *headers*.

Al manejar alta concurrencia:

- evite recargar el modelo por solicitud

- mantenga la GPU ocupada con *batch* de inferencia

- use modelo ligero para prefiltrado y pesado bajo demanda

La elasticidad es tan importante como la precisión. El modelo necesita ser rápido, liviano y resiliente.

Resolución de Errores Comunes

Error: "Input features mismatch"
Causa probable: Cambio en el *schema* de entrada sin actualizar el modelo.
Solución recomendada: Versionar el *schema* de entrada y validar antes de procesar.

Error: "Latência acima do aceitável"
Causa probable: Modelo muy pesado, sobrecarga en el servidor o ausencia de *cache*.
Solución recomendada: Optimizar *pipeline*, aplicar cuantización, cachear resultados repetidos.

Error: "Drift detectado, mas sem trigger de ação"
Causa probable: Métricas detectadas, pero sin automatización.
Solución recomendada: Conectar métricas a sistema de alertas o *trigger* de revalidación.

Error: "Erro silencioso nas predições"
Causa probable: Predicción inválida, pero sin *log*.
Solución recomendada: Agregar *logging* estructurado con captura de excepciones.

Buenas Prácticas

- Monitoree el modelo como un sistema vivo: métrica, tráfico, latencia, error y desvío.

- Compare el modelo actual con histórico, no solo con *baseline* estático.

- Use *logs* legibles por máquina, con formato JSON y etiquetas estándar.

- Aplique versionado para cada componente: entrada, *feature set*, modelo, dependencias.

- Cree procesos formales de *rollback* automático con base en degradación.

- Haga *tuning* con métricas reales de negocio, no solo precisión técnica.

- Pruebe modelos en producción con A/B antes de promover versiones amplias.

- Valide periódicamente si los datos reales aún representan el dominio entrenado.

Resumen Estratégico

Monitorear y ajustar modelos en producción es lo que separa modelos académicos de sistemas inteligentes confiables. La inteligencia real no está solo en la precisión. Está en la estabilidad. En el control. En la capacidad de responder a cambios. Un modelo que aprende, pero no se adapta, se pierde. Un modelo que performa, pero no es monitoreado, se compromete.

El ciclo de *machine learning* no termina en el *deploy*. Comienza allí. La madurez de un sistema de IA se mide por su capacidad de evolucionar con el mundo que observa. Y esa evolución exige observabilidad, estructura de decisión, control de riesgo y ajuste continuo.

Monitorear es más que ver. Es interpretar, alertar y reaccionar. *Tuning* es más que mejorar. Es sostener. Y producción es más que ejecutar. Es entregar con confianza, previsibilidad e impacto real.

CAPÍTULO 26. SEGURIDAD Y PRIVACIDAD EN PROYECTOS DE DATOS

Los proyectos de ciencia de datos operan sobre volúmenes masivos de información, muchas veces conteniendo datos personales, registros sensibles y patrones de comportamiento con alto valor estratégico. Esto los convierte en objetivos de riesgos operacionales, filtraciones, accesos indebidos y ataques dirigidos a modelos y *pipelines*. Proteger estos activos no es opcional. Es una obligación técnica, legal y ética.

La seguridad y privacidad son pilares estructurantes de cualquier *pipeline* de datos que trate con personas, organizaciones o sistemas críticos. Desde la ingesta de los datos hasta la exposición de inferencias por APIs, cada etapa debe ser protegida con medidas técnicas, políticas de control y prácticas compatibles con normas internacionales como LGPD, GDPR, HIPAA e ISO/IEC 27001.

Este capítulo presenta un enfoque técnico aplicado a la protección de datos y modelos, cubriendo anonimización, control de acceso, ataques adversariales, filtración por inferencia, cifrado, auditoría y *compliance* regulatorio. El foco está en la ingeniería de seguridad como parte inseparable de la arquitectura de datos.

Protección de datos sensibles y anonimización

La primera línea de defensa en proyectos de datos es identificar cuáles atributos son considerados sensibles o personalmente identificables (PII – *Personally Identifiable Information*). Esto incluye:

- Nombre completo

- CPF, DNI, pasaporte

- Dirección, teléfono, correo electrónico

- Datos de localización

- Registro médico

- Información bancaria

Estos datos deben ser tratados con técnicas de anonimización, seudonimización o agregación.

La anonimización elimina completamente la posibilidad de reidentificación. Ejemplos:

python

```python
df = df.drop(columns=['nome', 'cpf', 'email'])
```

La seudonimización sustituye identificadores directos por códigos no reversibles:

python

```python
import hashlib

df['usuario_hash'] = df['cpf'].apply(lambda x: hashlib.sha256(x.encode()).hexdigest())
```

La generalización reduce la granularidad de atributos:

python

```
df['idade_faixa'] = pd.cut(df['idade'], bins=[0,18,30,50,100],
labels=['0-18','19-30','31-50','50+'])
```

El agrupamiento *k-anonymity* y *l-diversity* son métodos estadísticos que garantizan que un individuo no pueda ser reidentificado por intersección de atributos.

Los datos sensibles en bases de entrenamiento deben ser eliminados o enmascarados. Cuando son inevitables, deben ser cifrados y auditables, con acceso mínimo y controlado por autorización explícita.

Políticas de acceso y control de permisos

La protección de datos exige control de acceso basado en roles (RBAC – *Role-Based Access Control*). Cada usuario o servicio debe tener el mínimo acceso necesario (principio del menor privilegio).

Estructura típica:

- Científico de datos: acceso a datos anonimizados y entorno de experimentación

- Ingeniero de datos: acceso a datos brutos en *staging*

- MLOps: acceso al *deploy* y *logs* técnicos, no a los datos

- *Compliance*: acceso a *logs* de auditoría

En *cloud*, se definen IAM roles por grupo y servicio. En AWS:

json

```json
{
  "Version": "2012-10-17",
  "Statement": [{
    "Effect": "Allow",
    "Action": ["s3:GetObject"],
    "Resource": ["arn:aws:s3:::dados-anonimizados/*"]
  }]
}
```

Las bases deben ser segmentadas por sensibilidad. Los datos con nivel crítico deben tener cifrado en reposo (AES-256), en tránsito (TLS 1.2+) y en los *backups*. La autenticación multifactor (MFA) debe estar habilitada en todos los entornos sensibles.

Las auditorías deben registrar:

- Acceso a datos por IP, usuario, horario

- Consultas hechas en bases sensibles

- Exportaciones, descargas y movimientos externos

Los *logs* deben ser inmutables y retenidos por un período mínimo de conformidad.

Prevención de ataques a modelos y datos

Los modelos de *machine learning* también son objetivo de ataques. Algunos vectores conocidos:

- *Evasion adversarial*: entradas maliciosas manipuladas para engañar el modelo

- *Membership inference*: intento de descubrir si un dato estaba en el entrenamiento

- *Model extraction*: uso de *queries* para reconstruir la lógica predictiva

- *Data poisoning*: inserción de datos maliciosos en el entrenamiento para alterar el comportamiento

Para mitigar *evasion adversarial*:

- Normalizar entradas

- Usar validación cruzada con perturbaciones

- Aplicar *adversarial training*

python

```python
from art.attacks.evasion import FastGradientMethod
from art.estimators.classification import SklearnClassifier

clf = SklearnClassifier(model=rf_model)
attack = FastGradientMethod(estimator=clf, eps=0.1)
X_adv = attack.generate(x=X_test)
```

Para prevenir *membership inference*:

- Evitar *overfitting* extremo

- Usar *differential privacy*

Con Opacus en PyTorch:

python

```python
from opacus import PrivacyEngine

modelo = ...
privacy_engine = PrivacyEngine()
modelo, otimizador, data_loader =
privacy_engine.make_private(
    module=modelo,
    optimizer=otimizador,
    data_loader=data_loader,
    noise_multiplier=1.1,
    max_grad_norm=1.0
)
```

Para dificultar extracción:

- Limitar la tasa de solicitudes por IP

- Responder con probabilidades discretizadas o etiquetas, no *scores* continuos

- Monitorear patrones de *queries* sospechosas

Compliance y regulaciones

La conformidad legal es un requisito obligatorio. Las principales regulaciones vigentes incluyen:

- LGPD – Ley General de Protección de Datos (Brasil)

- GDPR – *General Data Protection Regulation* (Europa)

- HIPAA – *Health Insurance Portability and Accountability Act* (EE.UU.)

- CCPA – *California Consumer Privacy Act*

Puntos críticos de conformidad:

- Consentimiento explícito del titular

- Finalidad clara para recolección y uso

- Derecho a exclusión y portabilidad

- Transparencia en decisiones automatizadas

- Evaluación de impacto de protección de datos (DPIA)

Los proyectos deben registrar:

- Qué datos son recolectados

- Dónde se almacenan

- Quién los accede

- Por cuánto tiempo se retienen

- Cómo son eliminados o anonimizados

Las organizaciones deben nombrar un DPO (*Data Protection Officer*), mantener políticas públicas de privacidad y registrar incidentes con notificación obligatoria al titular y a la autoridad nacional en un plazo de hasta 72 horas.

En modelos automatizados con impacto directo (crédito, salud, justicia), es obligatoria la explicabilidad, revisión humana y posibilidad de impugnación por parte del titular.

Resolución de Errores Comunes

Error: "Data leakage detected"
Causa probable: Atributo sensible fue incluido en el entrenamiento o en la inferencia.
Solución recomendada: Aplicar validación de columnas antes del entrenamiento con assert o lista blanca de *features*.

Error: "Access denied" en lectura de datos sensibles
Causa probable: Políticas IAM mal configuradas o falta de permiso explícito.

Solución recomendada: Verificar rol del usuario, política adjunta y alcance de la solicitud.

Error: "Request blocked by WAF"
Causa probable: Solicitud con *payload* sospechoso o patrón de ataque detectado.
Solución recomendada: Validar *headers*, evitar solicitudes directas a *endpoints* sensibles y respetar límites.

Error: "Model inference reveals training data"
Causa probable: *Overfitting* con datos sensibles no anonimizados.
Solución recomendada: Aplicar regularización, *cross-validation* y análisis de vulnerabilidad de *membership*.

Buenas Prácticas

- Clasifique los datos por sensibilidad desde la ingesta

- Use cifrado de extremo a extremo y *tokens* temporales para compartir

- Audite acceso en cada lectura, no solo en cada exportación

- Mantenga *logs* inmutables con retención mínima de 12 meses

- Entrene modelos en entornos aislados, sin acceso directo a internet

- Rote credenciales automáticamente y use *secrets manager*

- Evite incluir identificadores únicos en el input de predicción

- Realice *pentests* regulares con foco en evasión, extracción e inferencia

- Documente la base legal de cada *feature* usada en los modelos

- Use consentimiento granular y revocable, con *logs* de aceptación

Resumen Estratégico

Seguridad y privacidad no son barreras para la ciencia de datos. Son los fundamentos que garantizan su legitimidad, durabilidad y confianza. Un *pipeline* técnicamente avanzado pero jurídicamente frágil o éticamente negligente compromete no solo el resultado del proyecto, sino la reputación de la organización y los derechos de los individuos.

Proteger datos es proteger personas. Y proteger modelos es proteger decisiones. La ingeniería de seguridad no comienza después. Es parte del diseño. Desde el primer *input* hasta el último *byte* retornado. Y quien estructura la seguridad como parte del *core* del *pipeline* entrega no solo performance, sino confianza. Y donde hay confianza, hay continuidad. A escala. Con responsabilidad. Y con impacto real.

CAPÍTULO 27. GOBERNANZA DE DATOS Y CATALOGACIÓN

La transformación de datos en activos estratégicos requiere no solo tecnología y ciencia, sino estructura, control y claridad sobre los flujos de información. *Data governance* es la disciplina que sustenta ese proceso, asegurando que los datos sean gestionados con calidad, seguridad, trazabilidad y alineación con las necesidades de la organización. Más que control, gobernanza es arquitectura para escalar valor con responsabilidad.

Un *pipeline* sin gobernanza es un riesgo técnico y regulatorio. Un *pipeline* gobernado es un motor de confiabilidad, donde cada atributo tiene dueño, cada origen tiene trazabilidad, cada métrica tiene contexto y cada entrega tiene calidad monitoreada. La gobernanza no limita la ciencia de datos – la sustenta.

Este módulo presenta los pilares técnicos de la gobernanza de datos, con foco en metadatos, *lineage*, catalogación, calidad, cumplimiento, *master data* e integración entre equipos de datos y áreas de negocio, aplicando herramientas modernas.

Metadatos, lineage y catálogo de datos

Los metadatos son los datos sobre los datos. Son la capa semántica que describe qué, de dónde, por quién, cuándo, cómo y por qué un dato fue creado, transformado y disponibilizado.

Clasificaciones esenciales de metadatos:

- Metadatos técnicos: tipos de datos, esquema, tamaños, tablas, nombres de campos, tipos de archivo.

- Metadatos de negocio: significado del campo, unidad de medida, aplicabilidad, periodicidad, sensibilidad.

- Metadatos operacionales: frecuencia de actualización, volúmenes, logs de lectura, fecha de último uso.

El *data lineage* representa el camino completo del dato: desde la ingestión, pasando por transformaciones, uniones, agregaciones, hasta la disponibilidad en dashboards, modelos o APIs.

Ejemplo de un flujo de *lineage*:

rust

```
base_erp.clientes -> bronze.clientes_raw ->
silver.clientes_limpios -> gold.clientes_enriquecidos ->
modelo_riesgo
```

Ese mapeo debe ser automático, visual y auditable. Herramientas que soportan *lineage* incluyen:

- OpenMetadata

- Apache Atlas

- DataHub

- Amundsen

- Collibra

La catalogación de datos estructura y organiza todos los activos disponibles, con búsqueda inteligente, *tagging*, clasificación por sensibilidad, propietario (*data owner*) y evaluación de calidad.

La construcción de un catálogo incluye:

- Indexación automática de tablas, columnas y archivos

- Asociación de diccionario de datos y glosario de negocio

- Permisos de acceso con granularidad

- Comentarios, curaduría y aprobación de uso

En proyectos de *analytics*, el catálogo reduce duplicidad, evita retrabajo, acelera descubrimiento de datos y mejora la comunicación entre áreas técnicas y ejecutivas.

Calidad, cumplimiento y master data

La calidad de los datos no es subjetiva. Se mide por criterios como:

- Completitud: proporción de campos no nulos

- Consistencia: conformidad entre valores y reglas de negocio

- Precisión: correspondencia con la realidad observada

- Actualidad: tiempo desde la última actualización

- Unicidad: ausencia de duplicados

- Validación semántica: formato, patrón, valores permitidos

Los *pipelines* de validación deben aplicar *asserts* automáticos:

python

```
assert df['idade'].between(0, 120).all()
assert df['email'].str.contains('@').all()
assert df['cpf'].nunique() == len(df)
```

Frameworks como *Great Expectations* permiten crear suites de pruebas con documentación viva:

python

```
from great_expectations.dataset import PandasDataset

class ClienteDataset(PandasDataset):
    def expect_idade_entre_0_e_120(self):
        return
self.expect_column_values_to_be_between('idade', 0, 120)
```

Estas pruebas se incorporan al *pipeline* y bloquean la promoción de datos con fallos hacia entornos analíticos y de modelado.

El cumplimiento asegura que los datos están alineados con normas internas, reglas fiscales, regulatorias y políticas de privacidad. Cada campo sensible debe estar clasificado, protegido y accesible solo con autorización explícita.

Master Data representa las entidades centrales de la organización: clientes, productos, proveedores, contratos. Debe ser único, versionado, referenciado por todas las áreas y tener un flujo de actualización controlado.

Pilares del *Master Data Management (MDM)*:

- Gobernanza centralizada de las entidades

- Creación de clave única (ID global)

- Flujos de aprobación para actualización

- Sincronización con sistemas legados

- Validación de consistencia en múltiples dominios

La ausencia de *master data* genera reportes imprecisos, modelos sesgados, campañas duplicadas y errores contables.

Herramientas de gobernanza y pipelines de auditoría

La implementación de *data governance* involucra herramientas, pero no se limita a ellas. Requiere proceso, automatización y disciplina.

Herramientas especializadas:

- OpenMetadata: open-source con soporte a *lineage*, glosario y políticas

- DataHub: integración con Spark, Airflow, dbt, Kafka y MLFlow

- Amundsen: catálogo liviano con búsqueda semántica y

uso colaborativo

- Collibra e Informatica: soluciones corporativas con *compliance* avanzado

Ejemplo de *pipeline* de auditoría con Airflow:

python

```python
from airflow import DAG
from airflow.operators.python import PythonOperator

def validar_tabelas():
    assert df['cpf'].str.len().eq(11).all()
    assert df['data_nasc'].max() < pd.Timestamp.now()

dag = DAG('auditoria_dados', schedule_interval='@daily',
start_date=datetime(2023,1,1))

validar = PythonOperator(
    task_id='validar_campos',
    python_callable=validar_tabelas,
    dag=dag
)
```

Este *pipeline* dispara alertas en caso de violación, registra *logs* en base auditable e impide la publicación de *datasets* comprometidos.

La gobernanza también se conecta con *pipelines* de ML. Cada modelo debe registrar:

- Fuente de los datos

- Transformaciones aplicadas

- Versión de los *datasets*

- Metadatos de las *features* utilizadas

Este registro debe ser accesible por auditores internos y revisores externos en casos regulatorios o legales.

Integración con áreas de negocio

La gobernanza de datos es transversal. No pertenece solo a ingeniería. Debe ser co-creada con las áreas de negocio, que conocen el contexto, la sensibilidad, el uso y el impacto de cada campo.

Responsabilidades compartidas:

- *Data Owner* (negocio): aprueba, interpreta y valida uso

- *Data Steward* (analista de datos): documenta, protege y orienta consumo

- *Data Engineer*: implementa *pipelines* y estructura datos

- *Compliance*: valida riesgo y adherencia legal

La creación de un glosario de negocio compartido reduce ambigüedad. Un campo como "margen" puede significar margen bruta, neta u operativa. Documentar estas definiciones es tan importante como limpiar los datos.

Herramientas colaborativas permiten:

- Curaduría de campos con descripción funcional

- Notas explicativas por atributo

- Historial de alteraciones de esquema

- Votación y comentarios sobre calidad

Esta integración genera alineamiento semántico y técnico entre los equipos. Evita retrabajo, acelera proyectos y crea una cultura de datos sólida.

Resolución de Errores Comunes

Error: "Tabla con columnas no documentadas"
Causa probable: Fuente nueva o importada sin diccionario.
Solución recomendada: Automatizar validación de esquema contra catálogo. Bloquear ingestión sin metadatos.

Error: "Valor fuera del rango permitido"
Causa probable: Ausencia de prueba de calidad en la ingestión.
Solución recomendada: Aplicar *Great Expectations* o *assert* con reglas por campo.

Error: "Dato duplicado en *master data*"

Causa probable: Falta de clave única o control de *merge*.
Solución recomendada: Aplicar validación con drop_duplicates y clave compuesta.

Error: "Tabla accesible sin autenticación"
Causa probable: Permiso genérico en *data lake* o *warehouse*.
Solución recomendada: Segmentar accesos por proyecto, crear *roles* específicas y auditar *logs* de lectura.

Buenas Prácticas

- Implemente catálogo antes de liberar *datasets* para uso

- Documente cada campo con descripción técnica, semántica y ejemplo

- Clasifique datos por sensibilidad y regule acceso con *tags*

- Valide todo *dataset* con reglas automáticas de calidad

- Mantenga control de versión y cambios de esquema en todos los niveles

- Centralice *master data* con control de ID e integridad referencial

- Integre herramientas de gobernanza al flujo natural de ingeniería

- Promueva cultura de datos con involucramiento activo

del negocio

Resumen Estratégico

Data governance es la infraestructura invisible que sustenta decisiones confiables. No se trata de control excesivo. Se trata de permitir que los datos fluyan con contexto, confianza y conformidad. La ciencia de datos sin gobernanza se convierte en caos. La ingeniería sin gobernanza en riesgo. Y el negocio sin gobernanza en apuesta.

Gobernar datos es dar nombre, dueño y lógica a lo que se manipula. Es saber de dónde vino, por dónde pasó, quién lo usó, con qué propósito y con qué impacto. Y cuando todo eso está estructurado, los datos dejan de ser solo activos y se convierten en palancas.

Catalogar es dar claridad. Auditar es dar control. Integrar es dar escala. Gobernar es dar confianza. Y la confianza es el único dato que no puede ser corrompido.

CAPÍTULO 28.
EXPERIMENTACIÓN
ONLINE Y MÉTRICAS

La experimentación online es el puente entre el desarrollo técnico y el impacto real. Es el mecanismo que valida si un cambio en la ingeniería del producto, un modelo de *machine learning* o una interfaz de usuario genera un efecto medible en métricas del negocio. En lugar de suposiciones, los experimentos entregan evidencia. En lugar de opiniones, decisiones basadas en datos.

La ingeniería de experimentación exige control estadístico, métricas bien definidas, segmentación clara del público, seguimiento continuo y análisis riguroso. Sin eso, cualquier experimento corre el riesgo de generar conclusiones falsas, sesgar decisiones y comprometer la confianza en la cultura de datos.

Este módulo presenta la estructura técnica y práctica de la experimentación online, incluyendo tests A/B, enfoques bayesianos, experimentos multivariados, definición de métricas accionables, herramientas de instrumentación y análisis de impacto con trazabilidad total. El enfoque es construir *pipelines* de prueba como componentes centrales del aprendizaje continuo.

A/B testing, bayesian testing y experimentos multivariados

Los tests A/B son el formato más directo de experimentación: dos versiones son comparadas bajo control de variables y aleatorización. La versión A es el control (*baseline*), la versión B es la variante. El tráfico se divide aleatoriamente y el desempeño se mide en una o más métricas.

Estructura mínima:

python

```
import scipy.stats as stats


conversao_A = 0.12
conversao_B = 0.15
n_A = 1000
n_B = 1000


p_A = conversao_A * n_A
p_B = conversao_B * n_B


z_score, p_value = stats.ttest_ind_from_stats(
    mean1=conversao_A, std1=(conversao_A*(1-
conversao_A))**0.5, nobs1=n_A,
    mean2=conversao_B, std2=(conversao_B*(1-
conversao_B))**0.5, nobs2=n_B
)


print("p-value:", p_value)
```

Si el *p-value* es inferior a 0.05, se considera la diferencia estadísticamente significativa. Pero eso depende del contexto, la duración, el efecto esperado y el volumen de datos.

Los tests bayesianos ofrecen una alternativa más robusta en casos con muestras pequeñas, decisiones continuas o cuando se desea calcular directamente la probabilidad de superioridad de una variante. Utilizan distribución posterior para comparar efectos.

python

```python
import numpy as np
from scipy.stats import beta


A_sucesso, A_total = 120, 1000
B_sucesso, B_total = 150, 1000


dist_A = beta(A_sucesso + 1, A_total - A_sucesso + 1)
dist_B = beta(B_sucesso + 1, B_total - B_sucesso + 1)


sim_A = dist_A.rvs(100000)
sim_B = dist_B.rvs(100000)


prob_B_melhor = (sim_B > sim_A).mean()
print(f"Probabilidad de que B sea mejor: {prob_B_melhor:.3f}")
```

Este método permite interrumpir experimentos más temprano, optimizar ciclos de iteración y balancear riesgo con evidencia.

Los tests multivariados (MVT) expanden el A/B a múltiples variantes y múltiples factores. Por ejemplo, probar colores de botón y texto simultáneamente:

- A1 + B1

- A1 + B2

- A2 + B1

- A2 + B2

Estos tests requieren mayor volumen de usuarios y control estadístico para evitar *overfitting*. El diseño factorial puede ser aplicado para inferir interacciones entre variables con menor costo muestral.

Definición de métricas de negocio y producto

Las métricas de experimentos no son solo técnicas. Deben reflejar objetivos reales de producto, operación o experiencia del usuario.

Clasificación de métricas:

- Métricas primarias: definen el éxito del experimento (ej: tasa de conversión, tiempo promedio en la app, ingreso por usuario).

- Métricas secundarias: ayudan a interpretar efectos colaterales (ej: tiempo de carga, tasa de error, tasa de cancelación).

- Métricas *guardrail*: no pueden empeorar (ej: disponibilidad, seguridad, satisfacción del cliente).

Ejemplo de métrica combinada:

python

```python
# Ingreso neto por sesión
receita_total / total_sessoes
```

La métrica ideal es:

- Específica al experimento

- Sensible al cambio

- Inmune a ruido externo

- Representativa de valor real

Toda métrica debe ser definida con:

- Nombre técnico y descriptivo

- Fórmula de cálculo

- Frecuencia de actualización

- Fuente de los datos

- Responsable de la validación

Sin claridad métrica, los experimentos generan confusión. Con estructura métrica, cada iteración genera aprendizaje acumulativo.

Herramientas de tracking y ablación de features

Rastrear interacciones de usuarios es requisito previo para cualquier experimento. Esto implica:

- Instrumentación de eventos: clics, *scrolls*, conversiones

- Atribución de sesiones a variantes

- Versionado del experimento

- Recolección en tiempo real con tolerancia a fallos

Plataformas con soporte nativo:

- Mixpanel

- Segment

- Google Analytics 4

- Amplitude

- Snowplow

- PostHog

Instrumentación básica con evento:

javascript

```javascript
analytics.track("click_botao_cadastro", {
  variante: "B",
  user_id: "user_123",
```

```
sessao: "sessao_abc",
timestamp: Date.now()
})
```

Estos datos son enviados a sistemas de almacenamiento como Redshift, BigQuery o DataLake para análisis posterior.

La ablación de *features* es la técnica de remover atributos del modelo de forma sistemática para entender su impacto aislado. Puede aplicarse como experimento técnico para evaluar robustez e importancia de variables.

python
```python
from sklearn.metrics import f1_score


for coluna in X_train.columns:
    X_tmp = X_train.drop(columns=[coluna])
    modelo.fit(X_tmp, y_train)
    y_pred = modelo.predict(X_test.drop(columns=[coluna]))
    print(f"Removiendo {coluna}: F1 = {f1_score(y_test, y_pred):.3f}")
```

Esta técnica genera entendimiento causal interno del modelo y auxilia en la explicabilidad y priorización de recolección.

Procesos de decisión basados en datos

La experimentación no termina con la recolección de datos. Necesita ser interpretada, contextualizada y traducida en decisión. Esto requiere:

- Panel de visualización con evolución de las métricas

- Tests estadísticos automatizados

- Registros versionados de los experimentos

- Comparación entre variantes con confianza estadística

- Registro de la decisión (promover, revertir, volver a testear)

Proceso recomendado:

- Definición clara de hipótesis

- Registro del experimento con ID, dueño y duración

- Ejecución con aleatorización y *tracking*

- Análisis de métricas con control de significancia

- Documentación del resultado con explicación de la decisión

- Promoción al 100% o archivo con aprendizaje

Herramientas que soportan el ciclo completo:

- GrowthBook

- Optimizely

- Evidently

- Arize

- Metarank

La cultura de experimentación se sostiene por decisión basada en evidencia. Y eso solo ocurre cuando el proceso está estructurado para permitir trazabilidad y comparación reproducible.

Resolución de Errores Comunes

Error: "Falso positivo: el resultado parece bueno, pero no es real"
Causa probable: Comparaciones múltiples sin corrección o duración corta.
Solución recomendada: Aplicar corrección de Bonferroni o tests bayesianos.

Error: "Experimento sin poder estadístico"
Causa probable: Tamaño de muestra insuficiente.
Solución recomendada: Calcular previamente el *sample size* necesario con poder estadístico.

Error: "Tracking inconsistente entre variantes"
Causa probable: Versiones con eventos nombrados de forma diferente.

Solución recomendada: Estandarizar eventos y validar *schema* antes del lanzamiento.

Error: "Impacto detectado, pero sin significancia"
Causa probable: Variación real pequeña o ruido elevado.
Solución recomendada: Repetir con muestra mayor o considerar métrica alternativa más sensible.

Buenas Prácticas

- Documente cada experimento con nombre, hipótesis, métrica, dueño, duración y estado

- Mantenga histórico de resultados, incluso los "negativos"

- Use IDs únicos y *timestamps* para identificar cada ejecución

- Aplique controles de varianza con *stratification* y *guardrails*

- Evite reasignar usuarios a variantes a mitad del test

- Use visualizaciones acumulativas y métricas móviles (*rolling*) para estabilidad

- Limite el número de experimentos simultáneos sobre el mismo público

- Trate los datos de experimentos como datos de

producción: confiables, versionados y auditables

Resumen Estratégico

La experimentación es el mecanismo más poderoso de aprendizaje que puede tener un sistema. Es la forma en que los productos evolucionan con rigor, los equipos aprenden con seguridad y las decisiones se alinean con el valor real. Los modelos pueden predecir. Los datos pueden describir. Pero solo los experimentos pueden confirmar.

Una cultura de experimentación exige proceso, herramientas y mentalidad. Requiere que cada hipótesis sea testeable, cada métrica trazable y cada decisión explicable. Y cuando esa cultura se establece, la evolución deja de ser una apuesta y pasa a ser una construcción.

Medir es el primer paso. Testear es el segundo. Decidir con base en el resultado es lo que transforma datos en ventaja competitiva continua. Y eso solo es posible con experimentación bien estructurada. A escala. Con método. Y con claridad absoluta de impacto.

CAPÍTULO 29. DASHBOARDS INTERACTIVOS Y DATA APPS

La transformación de datos en acción depende de accesibilidad, visualización e interactividad. Los modelos y análisis tienen valor limitado si no se entregan de forma clara, accionable y alineada a las necesidades reales del usuario. Los dashboards interactivos y *data apps* llenan esa brecha. Son la capa de interfaz entre la inteligencia analítica y la toma de decisiones.

El avance de bibliotecas como Streamlit, Plotly y Dash permitió que ingenieros de datos, científicos y analistas construyan aplicaciones ligeras, responsivas y conectadas a fuentes vivas de información, sin depender de equipos de *front-end*. Con integración nativa a APIs, bases de datos y modelos predictivos, estas apps se convirtieron en el canal preferido para entregar valor de forma rápida y visual.

Este capítulo presenta la construcción técnica de dashboards interactivos y aplicaciones de datos con enfoque en Streamlit y Plotly, cubriendo *deploy*, integración, seguridad y buenas prácticas para producción de experiencias confiables e impactantes.

Construcción de paneles con Plotly y Streamlit

Streamlit ofrece una estructura declarativa simple y poderosa para transformar scripts Python en interfaces web reactivas. Su modelo de ejecución reinterpreta el script en cada interacción, garantizando estado sincronizado con las entradas del usuario.

Instalación e inicialización:

bash

```
pip install streamlit plotly
streamlit run app.py
```

Estructura básica con gráficos interactivos:

python

```
import streamlit as st
import plotly.express as px
import pandas as pd

df = pd.read_csv('dados.csv')
st.title('Panel de Ventas')

categoria = st.selectbox('Elige la categoría:',
df['categoria'].unique())
filtro = df[df['categoria'] == categoria]

fig = px.line(filtro, x='data', y='vendas', title='Evolución de
Ventas')
st.plotly_chart(fig)
```

Componentes principales de Streamlit:

- st.sidebar: **entradas laterales para navegación**

- st.slider, st.selectbox, st.date_input: **controles de filtro**

- st.metric: **visualización rápida de KPIs**

- st.dataframe: **tabla interactiva**

- st.file_uploader: **carga de archivos**

- st.download_button: **exportación de resultados**

- st.session_state: **almacenamiento de estado entre interacciones**

Para paneles con múltiples secciones:

python

```
aba = st.sidebar.radio("Navegación", ['Resumen', 'Gráfico', 'Tabla'])

if aba == 'Resumen':
    st.metric("Total", df['vendas'].sum())
elif aba == 'Gráfico':
    st.plotly_chart(fig)
elif aba == 'Tabla':
    st.dataframe(filtro)
```

Gráficos con Plotly permiten *zoom*, *hover*, selección y exportación:

python

```
fig = px.bar(df, x='produto', y='lucro', color='regiao')
```

Estos elementos permiten una experiencia interactiva y exploratoria, favoreciendo el descubrimiento de insights y análisis dinámico.

Deploy en entornos de producción

Las aplicaciones Streamlit pueden ejecutarse localmente, hospedarse en servidores cloud o integrarse a *pipelines* de *deploy* continuo.

Deploy rápido con Streamlit Cloud:

- Login con GitHub

- Conexión con repositorio

- Definición de requirements.txt

- Autodeploy en cada push

Deploy personalizado con Docker:

Dockerfile

dockerfile

```
FROM python:3.9
WORKDIR /app
COPY . .
RUN pip install -r requirements.txt
```

EXPOSE 8501

CMD ["streamlit", "run", "app.py", "--server.port=8501", "--server.enableCORS=false"]

Con:

bash

docker build -t dataapp .

docker run -p 8501:8501 dataapp

La app estará disponible vía navegador.

Deploy con control avanzado:

- Nginx como *reverse proxy* para enrutamiento y seguridad

- TLS con Let's Encrypt

- Autenticación vía SSO u OAuth2

- Monitoreo con Prometheus y Grafana

Hospedaje escalable:

- AWS EC2 o Fargate

- Google Cloud Run

- Azure App Service

- Heroku o Fly.io para prototipos rápidos

El *deploy* debe garantizar:

- Disponibilidad continua

- Logs centralizados

- Versionado de código y dependencias

- Estrategia de rollback en caso de fallos

Integración con APIs y bases de datos

Los paneles pueden consumir datos de APIs REST o GraphQL en tiempo real, permitiendo dashboards sincronizados con sistemas externos.

python

```python
import requests

respuesta = requests.get("https://api.ejemplo.com/ventas?data=2024-01")
datos_api = respuesta.json()
df = pd.DataFrame(datos_api)
```

Para bases relacionales:

python

```python
import sqlalchemy
```

```
engine = sqlalchemy.create_engine('postgresql://
usuario:senha@host:porta/db')
```

```
df = pd.read_sql("SELECT * FROM ventas WHERE data >
CURRENT_DATE - INTERVAL '30 days'", engine)
```

Para bases NoSQL:

- MongoDB: con pymongo

- Firebase: con firebase_admin

- Redis: para *cache* de sesiones

Recomendaciones:

- Conexiones con *retry* y *timeout*

- Query parametrizada con filtros del app

- *Pool* de conexiones en entornos de alto acceso

Para modelos de *machine learning* embebidos:

python

```
import joblib
```

```
modelo = joblib.load('modelo.pkl')
entrada = st.number_input("Valor de entrada", 0, 1000)
```

```
resultado = modelo.predict([[entrada]])
st.write(f"Resultado de la predicción: {resultado[0]}")
```

Esto permite aplicaciones que no solo visualizan datos, sino que entregan inferencias en tiempo real con trazabilidad total.

Distribución y control de acceso

Las aplicaciones expuestas en la web deben respetar control de acceso proporcional a la sensibilidad de los datos. Estrategias comunes:

- Autenticación por login y contraseña

- Integración con OAuth2 (Google, GitHub, Auth0)

- Control por IP (*whitelist*)

- SSO empresarial con OpenID Connect

- Tokens temporales y cookies firmadas

Para autenticación simple:

python

```
import streamlit_authenticator as stauth

users = {"user1": {"name": "Ana", "password": "senha123"}}
authenticator = stauth.Authenticate(users, "app_cookie",
"signature_key", cookie_expiry_days=1)
nombre, autentico, username = authenticator.login("Login",
```

```
"main")
```

Para control por grupo:

- Definir niveles de permiso por ruta

- Ocultar elementos con `if role == 'admin'`

- Limitar acceso a secciones específicas

Distribución interna:

- *Deploy* en intranet con autenticación corporativa

- Versionado de releases por *branch*

- Logs de acceso con IP y *timestamp*

Distribución pública:

- Limitar el alcance de los datos

- Anonimizar *outputs*

- Habilitar CORS solo cuando sea necesario

- Monitorear tráfico y bloquear abuso

Cada app debe tener documentación de acceso, responsables, logs de errores y plan de contingencia.

Resolución de Errores Comunes

Error: "Streamlit cannot open browser"
Causa probable: Entorno sin interfaz gráfica (como servidores remotos).
Solución: Acceder directamente vía IP:puerto sin intento de abrir navegador.

Error: "Connection refused" al usar API
Causa probable: API protegida o fuera de línea.
Solución: Verificar endpoint, autenticación y estado del servidor.

Error: "Too many open connections"
Causa probable: Conexiones a base sin cierre.
Solución: Usar with engine.connect() o dispose() después de cada uso.

Error: "App muy lenta con muchos datos"
Causa probable: Visualización de tablas completas sin paginación.
Solución: Usar filtros y st.dataframe(df.head(100)) con paginación manual.

Buenas Prácticas

- Estructura el app en funciones con separación clara entre layout, lógica y datos

- Usa *cache* (@st.cache_data) para evitar peticiones repetidas y acelerar respuesta

- Documenta el propósito de cada pestaña, métrica y gráfico en la app

- Mantén los datos en formato mínimo necesario (evita collect() completo de *Big Data*)

- Aplica temas consistentes y estandarizados para facilitar uso

- Agrega validaciones en entradas para evitar errores de ejecución

- Prueba con diferentes tamaños de pantalla, redes y dispositivos

- Genera logs de interacción (tiempo, filtros, acciones) para análisis posterior

- Versiona el app con Git y registra cambios en el *changelog*

Resumen Estratégico

Los dashboards interactivos y *data apps* son el punto de contacto entre el dato y la decisión. Son donde la inteligencia se vuelve visible, exploratoria y aplicable. Cuando están bien construidos, eliminan barreras técnicas, amplían el acceso al valor analítico y aceleran la acción.

Más que gráficos, son plataformas. Más que filtros, son interfaces. Y más que visualización, son herramientas operacionales.

La ingeniería de *data apps* exige claridad de estructura, control de performance, seguridad y empatía con el usuario. Porque el objetivo final no es mostrar datos. Es activar decisiones. Y cada app bien construida es un canal directo entre el *insight* y el impacto.

CAPÍTULO 30. ORQUESTACIÓN AVANZADA Y AI AGENTS

A medida que los pipelines de datos y machine learning se vuelven más sofisticados, crece la necesidad de orquestar no solo tareas, sino decisiones, ciclos adaptativos y comportamientos autónomos. La ingeniería de flujo aislado da lugar a la ingeniería de sistemas cognitivos. Python, como ecosistema dominante, lidera esta transformación técnica al integrar orquestación avanzada con agentes de IA autónomos, capaces de actuar, aprender, interactuar y evolucionar en tiempo real.

Orquestar flujos complejos ya no es simplemente encadenar tareas. Es integrar múltiples fuentes, modelos, decisiones, contextos y salidas en sistemas vivos. Los AI Agents son la extensión de esa visión: entidades cognitivas encapsuladas en lógica, con acceso a datos, inferencia, herramientas y objetivos. Cuando se combinan, la orquestación y los agentes producen sistemas adaptativos que no solo ejecutan, sino que razonan, interactúan y operan de forma continua.

Este capítulo presenta la estructura práctica para la orquestación avanzada de pipelines con múltiples modelos, automatización de reentrenamiento, coordinación entre agentes de IA y ejecución de análisis autónomos con visión de largo plazo y dominio técnico completo.

Flujos complejos de ML con múltiples entradas

Los escenarios reales exigen que los pipelines manejen

múltiples fuentes, formatos y eventos en paralelo. Esto requiere modelado de grafos de ejecución donde cada nodo representa una tarea con dependencias explícitas, y el flujo responde dinámicamente a la entrada.

Frameworks recomendados:

- Apache Airflow

- Prefect 2.0

- Dagster

- Metaflow

- Flyte

Ejemplo con Prefect:

python

```
from prefect import flow, task


@task
def extraer_api():

    ...


@task
def procesar_csv():

    ...


@task
```

```
def entrenar_modelo(datos_1, datos_2):
    ...


@flow
def pipeline_completo():
    d1 = extraer_api()
    d2 = procesar_csv()
    entrenar_modelo(d1, d2)


pipeline_completo()
```

Prefect permite:

- Condicionalidad dinámica (if, switch)

- Control de estado y retry por tarea

- Observabilidad embebida

- Ejecución local, cloud o híbrida

- Orquestación por tiempo, evento o sensor externo

Con múltiples entradas, cada origen debe ser tratado con:

- Validación semántica

- Verificación de esquema

- Control de integridad

- Identificación de partición

Orquestar múltiples flujos en paralelo con sincronización:

python

```python
from prefect.tasks import task_input_hash
from datetime import timedelta


@task(cache_key_fn=task_input_hash,
cache_expiration=timedelta(days=1))
def enriquecer(datos):
    ...


@flow
def orquestador():
    resultados = []
    for fuente in ['erp', 'crm', 'logs']:
        datos = cargar(fuente)
        resultado = enriquecer(datos)
        resultados.append(resultado)
    combinar(resultados)
```

Esto permite tratamiento independiente por fuente, con reutilización de lógica y sincronización final.

Orquestación de modelos, retraining dinámico y escalabilidad

La automatización del reentrenamiento requiere disparadores basados en:

- Volumen de nuevos datos

- Drift estadístico

- Métricas de performance en producción

- Ciclos temporales (mensual, semanal)

Con Prefect:

python

```python
@task
def evaluar_drift():
    drift = calcular_drift()
    return drift > 0.2


@flow
def retrain_automatico():
    if evaluar_drift():
        datos = cargar_datos()
        modelo = entrenar(datos)
        publicar(modelo)
```

El escalamiento horizontal es gestionado por agentes Prefect, workers en Kubernetes o colas Redis/Celery. Cada tarea puede tener perfil de ejecución distinto:

- Memoria dedicada

- GPU requerida

- Timeout personalizado

- Nivel de prioridad

Para modelos con alto costo de inferencia:

- Deploy como microservicio con autoscaling

- Balanceo de carga con NGINX o Istio

- Pool de workers con contenedores optimizados

Entrenamientos pesados deben ser enviados como jobs a entornos aislados:

python

```python
@task(task_run_name="Entrenamiento Spark",
tags=["batch"])
def entrenar_spark():
    subprocess.run(["spark-submit", "train.py"])
```

La persistencia del histórico se realiza vía artifacts, parameters, results y logs estructurados, permitiendo trazabilidad total.

AI Agents para automatización de análisis y consultoría autónoma

Los AI Agents son estructuras que combinan:

- Objetivo específico (goal)

- Herramientas disponibles (tools)

- Memoria contextual (memory)

- Capacidad de ejecución (action)

- Razonamiento iterativo (loop)

Bibliotecas como LangChain, Autogen y CrewAI implementan este patrón con integración a modelos LLMs, herramientas externas, bases de datos, navegadores, archivos y APIs.

Ejemplo con LangChain:

python

```python
from langchain.agents import initialize_agent, Tool
from langchain.llms import OpenAI


def buscar_base(query): ...
def predecir_ventas(datos): ...


tools = [
    Tool(name="Buscar", func=buscar_base),
    Tool(name="Predicción", func=predecir_ventas)
]
```

```
agente = initialize_agent(tools, OpenAI(temperature=0),
agent="zero-shot-react-description")

respuesta = agente.run("¿Cuál es la predicción de ventas para
clientes de la región sur con ticket medio mayor a 500?")
```

Con esta configuración, el agente decide qué herramienta usar, con qué parámetros y en qué secuencia. La lógica no está codificada: es razonada.

Casos prácticos de AI Agents:

- Analista de datos virtual: responde preguntas con base en bases reales

- Agente de compliance: verifica reglas y riesgos sobre hojas de cálculo o documentos

- Reentrenador de modelos: identifica cuándo reentrenar y ejecuta todo el flujo

- Simulador de escenarios: responde preguntas hipotéticas con datos y lógica combinada

La integración con orquestadores permite agentes como tasks inteligentes que actúan dentro de pipelines.

Evolución continua y visión de futuro en el ecosistema Python

La intersección entre orquestación y AI Agents inaugura

una nueva capa de ingeniería: la ingeniería de inteligencia operacional.

Perspectivas de evolución:

- Orquestación auto-adaptativa: flujos que se reconfiguran con base en retroalimentación

- Agentes compuestos: equipos de agentes con división de tareas y coordinación

- Runtime orientado a intención: el sistema entiende qué hacer, no solo cómo

- Infraestructura semántica: APIs que interactúan con datos y usuarios por lenguaje natural

- Pipelines asíncronos con decisiones autónomas, reevaluación de objetivos y ajustes dinámicos

La base técnica está dada. La madurez depende de la estandarización, confiabilidad y auditabilidad de estos agentes a escala. Python lidera este movimiento por su extensibilidad, comunidad e interoperabilidad.

La ingeniería que antes conectaba scripts, ahora conecta inteligencias. El pipeline se convierte en un sistema vivo, donde modelos, datos y agentes actúan como unidades conscientes de tarea, contexto y meta.

Resolución de Errores Comunes

Error: "Flow never completes"
Causa probable: Tarea con loop o dependencia circular.

Solución: Verificar recursividad y usar timeout explícito.

Error: "Agent not picking up flow run"
Causa probable: Worker mal registrado o configuración incorrecta.
Solución: Validar token, etiquetas y logs del agente.

Error: "Agent exceeded memory"
Causa probable: Tarea ejecutándose localmente con volumen elevado sin particionar.
Solución: Reparticionar tarea o mover a clúster dedicado.

Error: "Agent loop fails to converge"
Causa probable: Agente de IA con razonamiento infinito.
Solución: Limitar número de pasos, tokens o ciclos.

Buenas Prácticas

- Modela flujos como DAGs explícitos con lógica modular.

- Almacena resultados intermedios para debugging y reutilización.

- Separa lógica de negocio de la lógica de ejecución.

- Documenta cada agente con goal, tools, memory, constraints.

- Usa simuladores antes de publicar agentes con poder de acción real.

- Integra logging semántico en los agentes para análisis de decisiones.

- Planea fallback manual para fallas graves de orquestación.

- Valida cada paso del razonamiento antes de permitir llamadas externas.

Resumen Estratégico

La ingeniería de datos e IA ya no camina sola. Interactúa, decide, consulta, ajusta y evoluciona. La orquestación avanzada y los AI Agents son los pilares de esta nueva era operacional, donde los sistemas no solo están automatizados, sino que son inteligentes. No ejecutan solo reglas. Ejecutan intención.

Al unir pipelines reactivos con agentes cognitivos, se crea un ecosistema donde los datos fluyen con lógica, las decisiones emergen con contexto y las tareas se reorganizan con inteligencia. Esta convergencia exige dominio técnico, arquitectura confiable y visión de futuro.

Porque el próximo nivel de la ingeniería ya no es solo hacer que funcione. Es hacer que piense. Con código. Con contexto. Con propósito. Y Python, una vez más, es el idioma en que esta revolución está siendo escrita.

CONCLUSIÓN FINAL.
DE LA TÉCNICA A LA
INTELIGENCIA APLICADA

A lo largo de esta jornada técnica, consolidamos un dominio profundo de cada etapa esencial para la ciencia de datos aplicada en nivel extremo. Construimos no solo pipelines y modelos, sino un ecosistema completo de ingeniería inteligente, desde el dato crudo hasta la decisión autónoma. Cada capítulo fue diseñado para entregar no solo teoría, sino una aplicación clara, escalable, segura y funcional — en producción, con visión de largo plazo.

Dominamos la manipulación de datos con Pandas y NumPy, transformando bases caóticas en estructuras robustas y vectorizadas. Aprendimos a leer, limpiar, normalizar y preparar datos con calidad, respetando contextos y límites computacionales. Interiorizamos el poder de las visualizaciones técnicas, del análisis estadístico y de la ingeniería de features que generan ventaja real.

Ingresamos en el núcleo de la modelación supervisada con regresión, clasificación y árboles de decisión, comprendiendo las métricas, los riesgos, los sesgos y las estrategias de validación. Evolucionamos hacia deep learning con redes neuronales y su extensión en series temporales, comprendiendo su aplicación práctica con rigor computacional y operativo.

Aprendimos a escalar con Spark, orquestar con Airflow y estructurar sistemas con MLOps — desde CI/CD hasta el despliegue. Dominamos monitoreo, reentrenamiento, seguridad, drift y cumplimiento normativo, estructurando modelos que no solo funcionan, sino que sobreviven. Creamos sistemas que aprenden, monitorean y se ajustan. Modelos que no solo responden, sino que evolucionan.

Pasamos por recomendaciones, NLP, experimentos online, dashboards interactivos, gobernanza de datos, seguridad, agentes inteligentes y orquestación adaptativa. Construimos, validamos, documentamos, escalamos. Probamos hipótesis, conducimos experimentos, interpretamos resultados con profundidad estadística e impacto real.

Resumen fluido de los capítulos principales

Iniciamos con fundamentos sólidos: manipulación de datos, normalización, calidad y estructura vectorial con Pandas y NumPy.

Avanzamos hacia lectura y parsing de datos reales, incluyendo CSVs, JSONs, Excel y grandes volúmenes en Parquet y chunks. Exploramos DataFrames con maestría, incluyendo groupby, transformaciones funcionales y optimización de memoria. Tratamos limpieza, outliers, valores faltantes, aplicando técnicas robustas de imputación y wrangling automatizado. Profundizamos en visualizaciones técnicas con Matplotlib y Seaborn, transformando datos en gráficos explicativos y contextuales. Exploramos computación distribuida con Dask, Modin y Spark, permitiendo escalar procesamiento y paralelismo. Aprendimos feature engineering en nivel avanzado, incluyendo reducción de dimensionalidad, encoding y análisis estadístico. Estadística aplicada y modelos de regresión, regularización y clasificación supervisada formaron nuestra base predictiva. Exploramos algoritmos como Random Forests, redes neuronales densas y modelos probabilísticos, siempre con validación cruzada y ajuste fino.

Fuimos más allá con NLP, embeddings, transformers y análisis textual automatizado, utilizando lenguaje como vector técnico de predicción.

Estructuramos sistemas con MLOps, versionando código, datos, experimentos y modelos, garantizando trazabilidad total.

Tratamos deploy con Flask, FastAPI, Docker y Cloud, haciendo la predicción accesible, escalable y segura.

Construimos orquestaciones robustas, integrando reentrenamiento automático, pipelines paralelos y múltiples fuentes.

Adoptamos gobernanza, seguridad y privacidad como pilares operativos, con anonimización, conformidad y control auditado.

Implementamos experimentación online con tests A/B, bayesianos, ablación y métricas reales de producto.

Finalizamos con AI Agents, orquestación inteligente y visión futura de ingeniería adaptativa, entregando sistemas con autonomía real.

El poder del análisis extremo en escenarios reales

Análisis extremo es más que técnica. Es mentalidad. Es transformar datos desordenados en decisiones autónomas. Es escalar sin perder trazabilidad. Es operar bajo presión con precisión. Es combinar profundidad estadística con arquitectura distribuida. Es entregar inteligencia donde importa: en producción.

En un mundo de datos infinitos, gana quien construye sistemas confiables, escalables e interpretables. Quien domina la estructura, la lógica y el impacto. Quien ve no solo lo que dicen los datos, sino cómo y cuándo eso debe transformarse en acción.

Este libro no es solo una guía. Es una fundación. Es donde

el conocimiento aplicado se transforma en sistema, producto, ventaja y, por encima de todo, impacto mensurable.

Gracias por llegar hasta aquí. Este proyecto fue escrito con el compromiso absoluto de entregar excelencia técnica real. Cada línea, cada script, cada explicación fue pensada para ser útil, aplicable y duradera. Si llegaste a este punto, no eres solo un lector. Eres un ingeniero de impacto. Alguien que transforma técnica en valor.

Que este contenido no quede estático. Que se transforme en proyecto, en modelo, en sistema, en solución. Y que, sobre todo, ayude a construir un futuro más inteligente, más estructurado y más eficiente — con Python en el núcleo, y tú en el liderazgo.

Nos vemos en producción. Y luego, en la próxima evolución.

Cordialmente,
Diego Rodrigues & Equipo

www.ingramcontent.com/pod-product-compliance
Lightning Source LLC
LaVergne TN
LVHW022302060326
832902LV00020B/3224